Über dieses Buch Der Kitsch ist, ähnlich wie sein Gegenpol: die Kunst, ein unerschöpfliches Thema allgemeiner und besonderer Betrachtung. Und er ist ähnlich schwer zu erfassen – jedenfalls nicht ein für allemal oder mit jener »objektiven Genauigkeit«, die den analytischen Blick zu beruhigen vermöchte. Woran dies liegt, zeigt Ludwig Giesz in seiner inzwischen klassischen *Phänomenologie des Kitsches*, die ihren Gegenstand nicht normativ, sondern aus dem Erfahrungszusammenhang heraus zu beschreiben versucht. In einer weitgespannten Darstellung, die philosophische, soziologische und ästhetische Erkenntnisse berücksichtigt, erschließt Giesz die spezifischen Komponenten des »Kitscherlebens«, in dem er den gemeinsamen Nenner der Kitsch-Produktion und der Kitsch-Rezeption erblickt. Wer von Kitsch spricht, spricht nicht vor allem von einer bestimmten Beschaffenheit von Dingen, sondern von einer bestimmten Beschaffenheit der »Aneignung« von Dingen.

Der Autor Ludwig Giesz, geboren 1916 in Ferdinandsberg (Rumänien), gestorben 1985 in Heidelberg, übersiedelte 1933 nach Deutschland. Er studierte in Marburg und Heidelberg Philosophie und Theologie und war Schüler von Karl Jaspers; 1937 promovierte er über Kierkegaard; 1941 Habilitation über Nietzsche. Während der nationalsozialistischen Herrschaft wurde ihm die Lehrbefugnis verweigert, erst nach 1945 erhielt er eine Professur für Philosophie in Heidelberg.

Veröffentlichungen u. a.: *Nietzsche: Existentialismus und Wille zur Macht; Philosophische Spaziergänge. Zwölf vorsichtige Antworten auf die Frage, wie man sich im Leben denn einzurichten hätte* (posthum veröffentlicht).

Ludwig Giesz

Phänomenologie des Kitsches

Fischer Taschenbuch Verlag

Ungekürzte Ausgabe
Veröffentlicht im Fischer Taschenbuch Verlag GmbH,
Frankfurt am Main, März 1994

Lizenzausgabe mit freundlicher Genehmigung des
Wilhelm Fink Verlags, München

Umschlaggestaltung: Buchholz/Hinsch/Hensinger
Gesamtherstellung: Clausen & Bosse, Leck
Printed in Germany
ISBN 3-596-12034-9

Gedruckt auf chlor- und säurefreiem Papier

Inhalt

Vorwort

»Ernst ist das Leben,
heiter die Kunst.«

Omne pulchrum difficile. Dennoch haben die großen Ästhetiker sich vorwiegend mit der Ergründung der hohen Kunst beschäftigt, mit dem difficile des Schönen und Erhabenen, das dem Denken stets ein »challenge« (Dewey[1]) war. Das scheinbar Leichtere des bloß Angenehmen, Reizenden, Niedlichen, Behaglichen, Gemütlichen, geschweige denn des Kitschigen – obschon der aisthesis zugehöriger – fungierte bestenfalls als Folie. Diese noble Selbstbegrenzung werden wir im Laufe unserer Betrachtung vielleicht noch verstehen lernen, aber sie hat es mit sich gebracht, daß wir bis heute nur wenige Arbeiten aus der Feder von Ästhetikern über ein so vielbesprochenes Thema wie den Kitsch besitzen. Freilich, an kunstgeschichtlichen, volkspädagogischen, zeitkritisch-soziologischen Abhandlungen über Kitsch besteht kein Mangel. Auch angewandte Kunstwissenschaft und Kritik bedienen sich mehr oder weniger reflektiert des – scheinbar selbstverständlichen – Schemas Kitsch/Kunst. Aber ein Ungenügen bleibt: Die am objektiven Kitschgegenstand, seiner Technik, seinem historischen Ausgangspunkt, seinem soziologischen Substrat und seiner Massenwirkung interessierte Sicht vermeidet die grundsätzlichere Frage nach der – kantisch gesprochen – Bedingung der Möglichkeit des Kitsches. Nur von moraltheologischer Seite (R. Egenter) sowie in der Kulturphilosophie Hermann Brochs wurden (bisher viel zuwenig beachtete) Ansätze zu einer prinzipiellen Analyse des Phänomens Kitsch erarbeitet. Die Aneignung dieser beiden Ansätze steht noch aus.

Auch die vorliegenden Betrachtungen haben bestenfalls anregende Aspekte und maßen sich nicht an, ein so hintergründiges

1 John Dewey, »Art as Experience«, New York 1934, darin bes. das Kapitel »The Challenge to Philosophy«, S. 272–297.

Problem wie den Kitsch zu lösen. Solange uns die Wahrheit der Kunst rätselhaft bleibt, wird uns auch die Unwahrheit des Kitsches in Unruhe versetzen. Hat Martin Heidegger mit seiner metaphysischen Skepsis nicht recht, wenn er von der Wesensgeschichte der abendländischen Kunst überhaupt sagt: »Diese ist aus der für sich genommenen Schönheit so wenig zu begreifen wie aus dem Erlebnis, gesetzt, daß überhaupt der metaphysische Begriff in ihr Wesen reicht«[2]?

Allein, unsere folgende Besinnung steht sozusagen noch diesseits der Nachdenklichkeit Heideggers, weil wir nicht metaphysisch nach dem Ursprung des Kunstwerks und damit auch des Kitsches fragen wollen, sondern weniger fundamental, aus eingeübterem Fragehorizont gewissermaßen, das Kitschphänomen aus dem Blickwinkel einer anthropologischen Ästhetik anvisieren. Dabei klammern wir die Frage nach dem Wesen der hohen Kunst bewußt aus.

Unsere Erörterung steht aber auch diesseits der klassischen Ästhetiken, insofern, als ihr Hauptinteresse jenem vor-künstlerischen Bewußtsein gilt, das auch in der amusischen Alltäglichkeit und Banalität des Daseins quasi-ästhetische Akte kennt, vor denen auch das wirkliche Kunstwerk nicht gefeit ist. Solgers und Oskar Beckers Sprechweise von der »Hinfälligkeit«, der »Fragilität« des Schönen weist auf die viel zuwenig beachtete latente Gefahr objektivistischer Ästhetiken hin: bloß das gegenständliche An-sich von Kunstwerk und Kitsch-»Werk« zu vergleichen, statt jene kitschigen Bewußtseinsakte und Zustände ins Auge zu fassen, die bei Kunst wie Kitsch gleichermaßen auftreten können.

Mit anderen Worten: Wir verzichten auf die vorwiegend am Kitschprodukt orientierte Beschreibung, so amüsant diese auch sein kann[3], zugunsten einer Beobachtung des Kitsch-»Erlebens« selber. Daher sprechen wir auch vom kitschigen Menschen oder

2 Martin Heidegger, »Der Ursprung des Kunstwerks«, in: »Holzwege«, Frankfurt a. M. 1950, S. 68.
3 Z. B. Hans Reimann, »Das Buch vom Kitsch«, München 1936.

»Kitsch-Menschen«, wie Broch sagt.[4] Diesem Menschen also gilt unsere Aufmerksamkeit, weniger aber den Kitschgegenständen, die der Mensch genießt bzw. erzeugt. Da dieser »Subjektivismus« unseres Interesses nicht unbedenklich ist, behandelt das erste Kapitel die (nur scheinbar allzu grundsätzliche) Frage einer »subjektiven Ästhetik«. Das zweite Kapitel wendet sich konkreter dem Kitschproblem in seiner Geltungssphäre zu; also der Frage, wieso es zu einer solchen Ausdehnung der Bedeutung des Kitschbegriffs kommen konnte, wie wir sie heute beobachten. Sodann (Kapitel III) folgen phänomenologische Erörterungen über Lust und Genuß, wobei besonders die Moritz Geigersche Trennung beider Begriffe im Zusammenhang mit dem Kitschproblem vergegenwärtigt werden soll. Kapitel IV bringt im engen Anschluß daran eine Analyse der bekannten Prädikate des Kitsches. Das fünfte und letzte Kapitel versucht eine Synthese: Im kitschigen Menschen als dem Ursprung des Kitschproduktes erblicken wir ein spezifisches Versagen der Freiheit und damit vielleicht jenes discrimen, das Kitsch von Kunst trennt und gleichzeitig deren Verhältnis so verwirrend dialektisch werden läßt.

Heidelberg, Juni 1960 L. G.

4 Hermann Broch, »Einige Bemerkungen zum Problem des Kitsches«, in: »Dichten und Erkennen«, Essays, Bd. I, Zürich 1955, S. 295.

I. Subjektive Ästhetik?

»Wer das erste Knopfloch verfehlt, kommt mit dem Zuknöpfen nicht zurecht.« Goethe

Sollte eine Analyse des Kitsches nicht zweckmäßigerweise ganz unbefangen mit einer ›objektiven‹ Beschreibung jener Erzeugnisse beginnen, die man ›Kitsch‹ nennt? Wozu die Umständlichkeit, methodologische Reflexionen an den Anfang zu stellen? In der Tat: Primär begegnen uns ›*Dinge*‹ im Kitsch wie im Kunstwerk. »Die Werke sind so natürlich vorhanden wie Dinge sonst auch. Das Bild hängt an der Wand wie ein Jagdgewehr oder ein Hut. Ein Gemälde, z. B. jenes von van Gogh, das ein paar Bauernschuhe darstellt, wandert von einer Ausstellung in die andere. Die Werke werden verschickt wie die Kohlen aus dem Ruhrgebiet und die Baumstämme aus dem Schwarzwald. Hölderlins Hymnen waren während des Feldzugs im Tornister mitverpackt wie das Putzzeug. Beethovens Quartette liegen in den Lagerräumen des Verlagshauses wie die Kartoffeln im Keller. Alle Werke haben dieses Dinghafte.«[1] Dieser Ding-Aspekt aller angefertigten Dinge, zu denen Kitsch wie Kunst gehören, lädt primär zu einer sogenannten objektiven Betrachtung und Analyse ein. Indes, das Betrachten und Analysieren gerät bald auf ›subjektive Abwege‹; es fragt sich nur, ob man sich dessen bewußt wird oder nicht. Schon daß ein Ding als spezifisch ästhetisches Ding genommen wird, liegt nicht allein am Ding in seiner puren Dinghaftigkeit. Dabei ist dessen Beurteilung – die berühmten ›Geschmacksurteile‹ – noch gar nicht im Spiele, sondern erst die ästhetische Zuwendung überhaupt, durch die ein (zunächst beliebiger) Gegenstand zu einem ›ästhetischen Gegenstand‹ wird.

Auf dieser Betrachtungsebene bedarf es noch nicht einmal schwieriger *erkenntnistheoretischer Erwägungen*, wie sie in der Ästhetik der beiden ersten Jahrzehnte unseres Jahrhunderts so ausgie-

1 Heidegger, a. a. O., S. 9.

big angestellt worden sind.[2] Erkenntnistheoretische Erörterungen ästhetischer Grundlagenprobleme leiden nämlich meist unter einem prinzipiellen Vorurteil: ästhetische Akte seien kategorial ähnlich zu behandeln wie theoretische. (In dieser Hinsicht erscheint die Parallelität von Kants Methode, theoretische und ästhetische Vernunft – »Urteilskraft« – auf recht analoge Weise zu kritisieren, wie ein historisches Vermächtnis; die erkenntnistheoretische Ausgangsfrage lautete bezeichnenderweise in beiden »Vernunft«bereichen gleich: »Wie sind synthetische Urteile a priori möglich?« – »Wie sind Geschmacksurteile a priori möglich?« Wie sehr solcher Rationalismus sich auch in der »ästhetischen Vergleichung der schönen Künste untereinander«[3] auswirkt, erhellt am besten aus der Vorrangstellung der Dichtung, die »etwas zum Nachdenken übrigbleiben läßt«, während die Musik »mehr Genuß als Kultur« sei; die Tonkunst habe, »durch Vernunft beurteilt, weniger Wert als jede andere der schönen Künste«.[4]) Die erkenntnistheoretische Erforschung des Ästhetischen, um es noch einmal zu sagen, neigt dazu, die ästhetischen Bewußtseinsakte in Analogie zu den theoretischen zu setzen, was vor allem zwei Folgen hat: 1. Das Subjekt-Objekt-Verhältnis in den theoretischen Akten wird auf die ästhetischen übertragen, obwohl hier (›subjektives‹) Erleben und (›objektiver‹) Gegenstand eine andere Bedeutung haben. (Hierüber wird noch zu sprechen sein.) 2. Das Spezifische ästhetischer Akte wird – wie schon bei Leibniz und später bei Baumgarten[5] – als »sinnliche Erkenntnis« bzw. »niedere Erkenntnisart« interpretiert. Man vergleiche nur einmal Heideggers Sprechweise von der

2 Z. B. E. Meumann, »System der Ästhetik«, 1931, S. 7 ff. u. 123. – J. Volkelt, »System der Ästhetik«, 3 Bde., 1905, 1910 u. 1914; bes. Bd. I, S. 41 ff., Bd. III, S. 435 ff. – Ders., »Das ästhetische Bewußtsein. Prinzipienfragen der Ästhetik«, München 1920. – Ferner Arbeiten M. Dessoirs, A. Fischers, Richard Hamanns u. a. in der »Zeitschrift für Ästhetik und allgemeine Kunstwissenschaft«.

3 Immanuel Kant, »Kritik der Urteilskraft«, § 53.

4 Ebd. (Ausg. A), S. 216.

5 A. G. Baumgarten in seiner »Aesthetica«, 1750–1758. – Vgl. zur Geschichte der Ästhetik der Aufklärung: K. E. Gilbert und H. Kuhn, »A History of Esthetics«, New York 1939, 10. Kap.

»Wahrheit des Schönen«[6], einer Wahrheit, die sich als »Unverborgenheit des Seienden als Seiendem ereignet«, mit der »niedrigen Erkenntnisart« des Ästhetischen der Aufklärungsästhetiker, um die Abkehr von der erkenntnistheoretischen Blickweise zu ermessen.

Wie wenig derlei historische Reminiszensen überflüssig sind, erkennen wir sofort, wenn wir auf unser konkretes Thema und seine unbefriedigende Behandlung zurückkommen; was ist mit der Wendung gemeint, Kitsch sei, im Gegensatz zu Kunst, ›unwahr‹? Erkenntnistheoretisch korrekt dürften wir nämlich nur von richig (= wahr) und unrichtig (= falsch) sprechen. Ist es überhaupt möglich, von einer *›Unwahrheit‹ des Kitsches* zu sprechen, wenn ich z. B. mit Baumgarten Ästhetik definiere als »Theorie der niederen Erkenntnisart, die Kunst des schönen Denkens, die Kunst des Analogiedenkens, Wissenschaft von der sinnlichen Erkenntnis«? Im Sinne theoretischer Korrektheit – etwa einer naturalistisch getreuen Wiedergabe –, aber auch im Sinne richtiger ›Aussage‹ (merkwürdigerweise auch heute noch eine beliebte Vokabel der Kritiker) schnitte Kitsch gar nicht schlecht ab. Und es erscheint uns durchaus nicht als Zufall, daß wir in der Aufklärungszeit (und nicht erst im München der Jahrhundertwende) sehr viel – lehrreichen und bildenden – Kitsch finden.

Zeigt uns das Beispiel der sogenannten ›Unwahrheit‹ des Kitsches, wie schwer es ist, vom Boden einer erkenntnistheoretisch orientierten Ästhetik aus angemessen zu analysieren, so wird uns auch die typische Reserve von *Kunsthistorikern* dem Phänomen des Kitsches gegenüber nicht mehr überraschen. A. Riegl schreibt wohl im Namen zahlreicher Kollegen: »Der beste Kunsthistoriker ist der, welcher keinen persönlichen Geschmack besitzt, denn es handelt sich in der Kunstgeschichte darum, objektive Kriterien der historischen Entwicklung zu finden.«[7] Und J. Reisner, dem wir die bisher wohl gründlichste kunsthistorische Monographie über den Begriff Kitsch verdanken, scheint der gleichen Ansicht zu sein: »Für den strengen Formen- und Stilkritiker gibt es überhaupt keinen

6 Heidegger, a. a. O.

7 A. Riegl, zitiert aus Dvoraks »Gesammelte Aufsätze zur Kunstgeschichte«, München 1929, S. 285.

Kitsch.«[8] Das zunächst so Befremdliche derartigen ›*Objektivismus*‹ der Kunstwissenschaftler ist leicht zu verstehen. Nicht nur der positivistische Protest gegen die allzu spekulative Ästhetik des 19. Jahrhunderts ist hier in Geltung, sondern jenes einebnende Vorverständnis vom Bereich des Ästhetischen überhaupt: War die erkenntnistheoretisch orientierte Ästhetik noch darauf bedacht, die ›Subjektivität‹ der sinnlichen Erkenntnis von ihrer ›objektiven‹ Leistungsfähigkeit zu sondieren (Leibniz' petites perceptions sind zwar claires, aber confuses), so klammert der ›reine‹ Historiker der ästhetischen Dinge auch dieses Wechselspiel von Subjekt und Objekt ganz aus. Diese bequeme Entsagung freilich rächt sich, auch wenn diese Rache nicht zur Kenntnis genommen wird: Wie werden wohl die sogenannten objektiven Kriterien jenseits von subjektivem ›Geschmack‹ eigentlich gewonnen? Ja, welche ästhetischen Dinge kommen überhaupt in Betracht? Kann es eine Historie der Kunst (im Unterschied zur ›Natur-Geschichte‹) überhaupt geben, wenn beliebige ahistorische (›objektive‹) Kriterien leitend werden? (Worringer[9] führt auf diesen Mißstand die anachronistische Vergleichung prähistorischer Kunst z. B. mit dem modernen Impressionismus zurück.) Nein, die vermeintliche ›Objektivität‹ reiner Kunstgeschichte wird, etwa bei dem zitierten A. Riegl, auf verdienstliche Weise durchbrochen; wir erinnern nur an die fundamentale Bedeutung des »Kunstwollens« in seiner »Spätrömischen Kunstindustrie« (1901). Mit wieviel persönlichem Geschmack und Intuition wird hier analysiert! Die pure Dinglichkeit eines angefertigten Kunstgegenstandes ist bloß der vordergründigste Aspekt, und die Geschmack-Losigkeit des Kunsthistorikers erweist sich lediglich als Korrektiv gegen Spekulation und allzu beliebiges Geschmäcklertum.

Weder die rationale Subsumierung des Ästhetischen unter Erkenntnisakte niedriger Art noch die programmatische ›Objektivität‹ der Kunstwissenschaft sind je konsequent durchgehalten wor-

8 J. Reisner, »Über den Begriff Kitsch«, Göttinger phil. Diss. (Schreibmasch.-MS) 1955, S. 243.

9 Wilhelm Worringer, »Abstraktion und Einfühlung«, Neuausgabe München 1959, vgl. »Schlußwort nach 50 Jahren«, S. 16ff.

den. Die Eigenständigkeit der ästhetischen Sphäre setzte sich gleichsam dennoch durch, wenn auch nur in der Weise systemsprengender unabweisbarer Einsichten bzw. in der Praxis der Materialforschung selbst.

Allein, die Vernachlässigung des Kitschproblems hat, wie bereits im Vorwort bemerkt, weitere Gründe, vor allem die *Einengung der Begriffe Ästhetik und Ästhetisches*, die übrigens von Baumgarten gar nicht gemeint war, der sich ja noch am Gegensatzpaar aistheta/noeta orientierte. Wir meinen jenen Sachverhalt, der uns schon in Hegels Vorlesungen über Ästhetik gleich zu Beginn auffällt; wir meinen die Begrenzung des Begriffs auf ›das Schöne‹, genauer, auf die ›schönen Künste‹: »Diese Vorlesungen sind der Ästhetik gewidmet; ihr Gegenstand ist das weite Reich des Schönen, und näher ist die Kunst, und zwar die schönste Kunst ihr Gebiet.«[10] Hegel, dem wir wohl die umfassendste und letzte große Ästhetik verdanken[11], weiß freilich sehr wohl, daß er den Begriff Ästhetik einengt: »Für diesen Gegenstand freilich ist der Name Ästhetik eigentlich nicht ganz passend, denn ›Ästhetik‹ bezeichnet genauer die Wissenschaft des Sinnes, des Empfindens... Der eigentliche Ausdruck jedoch für unsere Wissenschaft ist ›Philosophie der Kunst‹ und bestimmter ›Philosophie der schönen Kunst‹.« Hundert Jahre später ist diese Definition bereits selbstverständlich. Emil Utitz schreibt 1925 unbedenklich: »Das Ästhetische meint das Schöne.«[12]

Inwieweit ist mit dieser Einschränkung des Ästhetik-Begriffs unser Problem, der Kitsch, vernachlässigt? Ist denn Kitsch nicht ›schön‹? Vielleicht ›ganz besonders schön‹? Wir entscheiden diese Frage hier nicht, sowenig wie die oben gestellte nach seiner ›Wahrheit‹. Jedenfalls, Utitz und die meisten Ästhetiker denken in erster Reihe nur an das Kunstschöne und benutzen das Phänomen Kitsch bestenfalls als Folie. Und dem entspricht auch der Kunstwissenschaftler, sofern dieser sich nur Kunstgegenständen zuwendet oder aber ›objektiv‹, d. h. ohne persönliches Geschmacksurteil, seine jen-

10 G. W. Fr. Hegel, »Ästhetik«, Berlin (Ost) 1955, S. 49.
11 Vgl. Heidegger, a. a. O., S. 66.
12 E. Utitz, »Ästhetik und Philosophie der Kunst«, in: »Lehrbuch der Philosophie« II, 1925, S. 609 ff.

seits (oder diesseits) des Gegensatzes von Kitsch und Kunst anwendbaren formalen Prinzipien den Objekten zuordnet. In beiden Fällen geht die Untersuchung des Kitsches leer aus.

Im größten Gegensatz zur Ästhetik als Philosophie der schönen Künste bzw. zur objektivistischen Kunstwissenschaft, die den Kitsch (aus recht verschiedenen Gründen) unbeachtet lassen, stünde wohl eine »Ästhetik von unten«, wie man mit G. Th. Fechner sagen könnte. Freilich nicht ganz im Sinne Fechners. Dessen Versuch einer wissenschaftlichen Ästhetik [13], die experimentell die psychologischen Elemente des ästhetischen Wohlgefallens nach naturwissenschaftlichem Vorbilde untersucht, steht zwar im Gegensatz zu einer vom Kunstwerk ausgehenden »Ästhetik von oben«: Sie untersucht die ›subjektiven‹ Voraussetzungen des ästhetischen Erlebens. Wieweit ihr das bei ihrer Orientierung an der englischen psychologischen Ästhetik gelingen konnte, braucht hier nicht erörtert zu werden.[14] Aber die experimentelle Ästhetik, diese ›Schönheitswissenschaft ohne das Schöne‹, leidet unter dem prinzipiellen Mangel, daß sie die eigenständige Sphäre des Ästhetischen als Resultat nicht-ästhetischer Voraussetzungen begreift.

Das gleiche gilt von Fechners Nachfolgern, bis hin zur amerikanischen Ästhetik der Behavioristen.[15] Mit anderen Worten, eine »Ästhetik von unten« müßte zweierlei leisten: zunächst die Eigensphäre des Ästhetischen aus sich selbst erforschen und gleichzeitig in der Lage sein, aus den vorkünstlerischen ästhetischen Akten die differenzierteren – oder künstlerischen – herzuleiten. Dann wären wohl die Voraussetzungen gegeben, auf befriedigendere Weise als bisher das Phänomen Kitsch sowie dessen Verhältnis zu Kunst aufzuhellen. Eine solche Ästhetik jedoch gibt es unseres Wissens nicht.

13 G. Th. Fechner, »Vorschule der Ästhetik«, 2 Teile, 1876.

14 Vgl. K. Huber, »Ästhetik«, 1954, S. 83 ff.

15 Besonders typisch R. M. Ogden, »Psychology of Art«, New York 1938. Aufschlußreich ist hier, wie der Vf. mit seinen behavioristischen (objektiven) Kategorien nicht auszukommen vermag; er ist gegen seinen Willen genötigt, von den Begriffen appreciation oder contemplation Gebrauch zu machen, obwohl diese der reinen Verhaltensbeschreibung nicht zu entnehmen sind (z. B. S. 67).

Wir sprechen lieber von einer *anthropologischen Ästhetik* und wollen uns einer Untersuchung der ästhetischen Zustände zuwenden. Der Begriff *Zustand* soll dabei eine umgreifende Weite erhalten, wie sie die Bewußtseinspsychologie des 19. Jahrhunderts nicht eingeschlossen hatte, wenn in ihr von ›Seelenzuständen‹ die Rede war. Unsere Sprechweise geht auf Nietzsche zurück, der – ähnlich wie schon Hamann und Schiller[16] – unter diesem Begriff einen menschlichen Totalaspekt verstand: Zustand ist jedenfalls umgreifender als ›Bewußtseinslage‹, Nietzsches »apollinischer« bzw. »dionysischer Zustand« sind bereits metapsychologische Gesamtverfassungen des Menschen. (Die in Nietzsches »Geburt der Tragödie« zur Veranschaulichung verwendeten psychologischen Sachverhalte Traum und Rausch erweisen sich jedoch sehr bald als bloße Bilder.)

Am besten dient zur vorläufigen Orientierung über unseren Sprachgebrauch ein Beispiel Nietzsches; er beschreibt den »Zustand« der dichterischen Inspiration: »Hat jemand, Ende des neunzehnten Jahrhunderts, einen deutlichen Begriff davon, was Dichter starker Zeitalter Inspiration nannten? Im anderen Falle will ich es beschreiben. – Mit dem geringsten Rest von Aberglauben in sich würde man in der Tat die Vorstellung, bloß Inkarnation, bloß Mundstück, bloß Medium übermächtiger Gewalten zu sein, kaum abzuweisen wissen. Der Begriff Offenbarung, in dem Sinn, daß plötzlich, mit unsäglicher Sicherheit und Feinheit, etwas sichtbar, hörbar wird, etwas, das einen im Tiefsten erschüttert und umwirft, beschreibt einfach den Tatbestand. Man hört, man sucht nicht; man nimmt, man fragt nicht, wer da gibt; wie ein Blitz leuchtet ein Gedanke auf, mit Notwendigkeit, in der Form ohne Zögern, – ich habe nie eine Wahl gehabt. Eine Entzückung, deren ungeheure Spannung sich mitunter in einen Tränenstrom auflöst, bei der der Schritt unwillkürlich bald stürmt, bald langsam wird; ein vollkommenes Außer-sich-sein mit dem distinktesten Bewußtsein einer Unzahl feiner Schauder und Überrieselungen bis in die Fußzehen; eine Glückstiefe, in der das Schmerzlichste und Düsterste nicht als

16 Vgl. Friedrich Schiller über den »ästhetischen Zustand«, z. B. im 20. Brief über die »Ästhetische Erziehung des Menschen«.

Gegensatz wirkt, sondern als bedingt, als herausgefordert, als eine notwendige Farbe innerhalb eines solchen Lichtüberflusses; ein Instinkt rhythmischer Verhältnisse, der weite Räume von Formen überspannt – die Länge, das Bedürfnis nach einem weitgespannten Rhythmus ist beinahe das Maß für die Gewalt der Inspiration, eine Art Ausgleich gegen deren Druck und Spannung... Alles geschieht im höchsten Grade unfreiwillig, aber wie in einem Sturm von Freiheitsgefühl, von Unbedingtsein, von Macht, von Göttlichkeit... Die Unfreiwilligkeit des Bildes, des Gleichnisses ist das Merkwürdigste; man hat keinen Begriff mehr, was Bild, was Gleichnis ist...«[17] Wir zitieren diese Textstelle ausführlich, um zu zeigen, wie weit der Begriff Zustand gefaßt ist; Nietzsches Psychologie der Zustände ist, worauf besonders Jaspers hingewiesen hat, mehr als Psychologie im schulgerechten Sinne, weil Erhellung des menschlichen Daseins; durch seine Analyse von Grunderfahrungen vor aller wissenschaftlich versachlichender Schematik macht er die Voraussetzungen ausfindig, auf denen – gleichsam sekundär, als Derivate eines Ursprünglicheren – die theoretische Aneignung überhaupt beruht (Erkenntnis als Interpretation[18]).

Wir könnten solche Analysen umgreifender Zustände auch »phänomenologische Anthropologie« (L. Binswanger[19]) nennen, wenn sich mit dem Begriff Phänomenologie nicht seit Husserl die sehr spezifische Strenge einer Methode verbände, wie wir sie bei Nietzsche freilich vermissen. In einem vageren Sinne jedoch – wie in der Medizin und Psychologie etwa – handelt es sich bei Nietzsche durchaus um Phänomenologie. Insbesondere die Stellung Nietzsches jenseits der erkenntnistheoretischen Alternative Psychologismus/Transzendentalismus läßt ihn gut mit der phänomenologischen Schule in Verbindung bringen.[20]

Eine anthropologische Ästhetik, die also an der Untersuchung von Zuständen interessiert wäre, könnte die oben erwähnte Ver-

17 Friedrich Nietzsche, »Ecce homo«, Kröner-Ausgabe, S. 375; vgl. auch »Götzendämmerung«, Kröner-Ausgabe, S. 135f.

18 Ludwig Giesz, »Nietzsche«, Stuttgart 1950, S. 71ff.

19 Ludwig Binswanger, »Über Phänomenologie«, in: Ausgewählte Vorträge und Aufsätze«, Bd. I, Bern 1947, S. 13–49.

20 Giesz, a. a. O., S. 94ff.

führung durch erkenntnistheoretische wie psychologistische Frageweisen vermeiden. Dazu käme der weitere Vorteil, daß Ästhetik nun nicht bloß auf die mehr oder weniger objektivistische Untersuchung der Kunstgegenstände angewiesen wäre. Und es scheinen alle diese Vorteile insbesondere einer Untersuchung des Kitsches zugute zu kommen, zumal – wie wir später sehen werden – die Subjekt-Objekt-Verhältnisse im kitschigen Zustande auf recht eigentümliche Weise verworren werden. Die scheinbar objektiven Prädikate – süß, klebrig, penetrant, parfümiert u. a. – werden sich aus Zustandsanalysen begreifen lassen.

Aber ist eine solche Methode nicht allzu ›*subjektiv*‹? Rückkehr zur Psychologie des ästhetischen ›Erlebens‹, des ›ästhetischen Bewußtseins‹[21]?

Lassen wir vergleichshalber einen Ästhetiker kurz zu Wort kommen, der den Erwartungen des gesunden Menschenverstandes eher entspricht als unsere anthropologische Betrachtungsweise. Emil Utitz schreibt in einer bekannten »Ästhetik und Philosophie der Kunst«: »Das Ästhetische meint das Schöne. Das Ästhetische zeigt sich uns in Gestalt von Menschen, Tieren, Bäumen, Pflanzen…« (Utitz setzt seine Aufzählung fort, in gewisser Hinsicht muß er es, da er ja am Gegenstand orientiert ist.) »Aber nicht alle Menschen, Tiere, Bäume, Pflanzen, Bilder, Gedichte usw. sind schön. Es ist ein Ehrenname, den ich ihnen beilege, wenn ich von ihnen Schönheit aussage, wie ich nicht jedem Menschen das Prädikat ›gut‹ zugestehe. Sondern der gute Mensch hat eben bestimmte Eigenschaften, die dem schlechten fehlen, oder die bei diesem nur verkümmert sind. Also haben auch die ästhetischen Gegenstände, die sich jenes Vorzugs der Schönheit erfreuen, bestimmte Eigenschaften, auf denen sie wurzelt. Die nicht schönen Objekte lassen uns entweder gleichgültig, oder sie stoßen uns ab. Die schönen aber genießen wir. Mit diesen schlichten Sätzen ist schon sehr viel behauptet. Jedenfalls haben sie den unbestreitbaren Vorzug, daß nichts in sie hineingeheimnist, keinerlei Zutat ihnen beigemischt ist.«[22] Hineingeheimnist scheint uns in diese selbstverständlichen Sätze vor al-

21 Volkelt, »Das ästhetische Bewußtsein«.
22 Utitz, a. a. O., S. 609.

lem dies: daß hier – obwohl von »ästhetischen Gegenständen« die Rede ist – gerade jenes spezifische Inter-esse, gewissermaßen moussierend zwischen ›Subjekt‹ und ›Objekt‹, vernachlässigt wird, das jedoch ein konstitutives Merkmal jeglicher ästhetischer Erfahrung ist (wobei wir von der hineingeheimnisten Identität von ›schön‹ und ›ästhetisch‹ ganz absehen wollen). Das Ineinander und Wechselspiel von Subjektivem und Objektivem im Ästhetischen, das Nietzsche so ausgezeichnet (wenn auch an einem extremen Fall) geschildert hat, weicht bei Utitz einer gerade nicht-ästhetischen Gegenstandsgegebenheit, wie sie eher für die ästhetisch desinteressierte Zuwendung des Theoretikers oder Praktikers charakteristisch ist. In unserer Sprache also: Es war gerade nicht von »ästhetischen Gegenständen« die Rede. Man stelle etwa Baudelaires Ausspruch dagegen: »Qu'est-ce que l'art pur? C'est créer une magie suggestive contenant à la fois l'objet et le sujet, le monde extérieur à l'artiste, et l'artiste lui-même.«[23] Doch mit dem schlichten Wörtchen ›ferner‹ setzt Utitz seine Darlegungen fort: »ferner« gäbe es das Ästhetische als Wert (»die ästhetische Wertlehre meldet sich an...«); »ferner: Gegenstände, die an sich (was heißt ›an sich‹? – L. G.) ästhetische Qualität besitzen, werden für mich ästhetisch nur dadurch, daß ich mich in einer ganz bestimmten Weise ihnen gegenüber verhalte...« Trotz dieses uns entgegenkommenden Zusatzes, der die Eingangssätze geradezu in Frage stellt, scheint uns die lose Verbindung bedenklich. Es ist nämlich keine zusätzliche und beliebige Eigentümlichkeit des Ästhetischen, von einem Verhalten, und zwar »in einer ganz bestimmten Weise«, abhängig zu sein, sondern primär und konstitutiv. Hier hat unsere Sprechweise vom Ästhetischen als Zustand ihren Sinn. Das pädagogische Bedürfnis nach Lehrbuchgemäßem darf das Ineinander von Verhalten, ästhetischem Gegenstand, Wertbewußtsein usw. nicht auflösen.

Sobald man von den *umgreifenden ästhetischen Zuständen*, das heißt aber: jenem merkwürdigen Ineinander und Wechselspiel von Gegenständlichkeit und erlebendem Subjekt, ausgeht, statt von so und so beschaffenen Gegenständem, wie sie sich der theoretischen

23 Charles Baudelaire, »Art romantique«, Œuvres compl. 1869, S. 127.

oder praktischen Zuwendung bieten, versteht man nicht nur z. B. Nietzsches Ekstase (ek-stasis), sondern hat überhaupt den angemessenen Zugang zur Region des Ästhetischen gewonnen. Es wäre nun, nach diesen einleitenden skeptischen Bemerkungen, wohl am sinnvollsten, eine fundamentale anthropologische Theorie, eine Theorie der ästhetischen Akte und Zustände, zu geben, um dann – gleichsam deduktiv – das in Frage stehende Phänomen des Kitsches zu deuten. Eine präzise Lokalisierung des Kitsches innerhalb der Sphäre des Ästhetischen überhaupt wäre sicherlich die befriedigendste Lösung. Dieser Ideallösung kann von uns leider nicht entsprochen werden, da weder eine Anthropologie, wie sie uns so überaus willkommen wäre, besteht noch Kitsch-Analysen, die uns auf methodisch exakte Weise vorgehen ließen; gibt es doch, wie das nächste Kapitel zeigen soll, nicht einmal eindeutige Definitionen dessen, was Kitsch genannt wird. Freilich fehlt es nicht an philosophischen Totalentwürfen, die sich um eine allgemeine Bestimmung des Menschenwesens bemühen (für uns kommen im wesentlichsten Scheler, Heidegger, Jaspers, Plessner und Sartre in Betracht). Aber die sehr konkreten Fragen, die das Kitschproblem aufwirft, sind auf speziellere Fragehorizonte angewiesen und damit auch auf detaillierteres Wissen. Sonst riskieren wir, den Kitsch, diesen Paria der Ästhetik, mit allgemeiner Großartigkeit bloß zu verurteilen, statt ihn, wenn auch nicht liebevoll, so doch etwas eindringender, zu begreifen.

II. Allgemeinheit des Kitsches

Der Bedeutungsumfang des Begriffes Kitsch ist keineswegs unumstritten. Selbst die Etymologie des Wortes ist nicht eindeutig. Bei Kluge-Götze wird das Wort auf das englische sketch zurückgeführt: »Kitsch, Schund, namentlich von Bildern, von München ausgegangen. Wenn dort englisch-amerikanische Käufer für ein Bild nicht viel anlegen wollten, verlangten sie eine Skizze, a sketch. Daraus wird Kitsch zunächst in Kunstkreisen der 70er Jahre.«[1] Diese auf eine persönliche Erinnerung von Avenarius zurückgehende Theorie rivalisiert vor allem mit zwei weiteren: kitschen = den Straßenschlamm zusammenscharren, sowie kitschen = neue Möbel auf alt zurichten. Möglicherweise hängt mit einer dieser drei Etymologien auch das Verbum ›etwas verkitschen‹ (= etwas billig losschlagen) zusammen.

Wie dem auch sei: Trotz dieser etymologischen Unsicherheiten wäre ein eindeutiger Gebrauch des Wortes durchaus möglich, wie bei anderen Wörtern, deren Etymologie gleichfalls ungewiß ist. Aber auch dies ist keineswegs der Fall. Der Bereich der Malerei bzw. der bildenden Kunst überhaupt ist längst nicht mehr ausschließliche Domäne des Kitsches. Auch die Ursprungszeit (1870) wird von den wenigsten Autoren beibehalten, zumal dann nicht, wenn man sich vom Wort Kitsch zugunsten der gemeinten Sache abwendet. Dann kann man kultursoziologisch leicht ins 18. Jahrhundert zurückgehen, »zu den Anfängen der vom bürgerlichen Arbeitsethos getragenen städtischen Kultur« (K. M. Michel[2]). Und immer weiter zurück geht die Datierung, sobald weniger die kul-

1 Zur »sketch«-Theorie vgl. Reimann, a. a. O., S. 8ff. und 13. ff., mit der anregenden onomatopoetischen Revue ähnlich klingender Wörter.
2 Karl Markus Michel, »Gefühl als Ware. Zur Phänomenologie des Kitsches«, in: »Neue Deutsche Hefte«, Nr. 57, April 1959, S. 33.

tursoziologischen (Publikum, Masse, Säkularisation usw.) als die kunsthistorischen Kriterien leitend werden (Material-Illusionismus des Barock[3], Miniaturplastiken in der Antike u. dgl. m.). Vollends uferlos wird die zeitliche Abgrenzung, wenn ästhetische Maßstäbe angelegt werden, z. B. Kitsch als ein Epiphänomen der Kunst verstanden wird (ungekonnte Kunst = Kitsch), oder man gar der Auffassung ist, daß es »ohne einen Tropfen Kitsch in keiner Kunst abgeht« (Broch[4], trotz aller metaphysischen Verurteilung des Kitsches als des »radikal Bösen« in der Kunst). Dann kann es leicht zu einer These wie der kommen, daß Kitsch überhaupt so alt sei wie die Kunst (Karpfen[5], der ganz unbefangen vom »Kitsch im Genie« spricht).

Von den etymologischen Harmlosigkeiten bis zu den ästhetischen und historischen Uferlosigkeiten reicht die Skala der Arbeiten über den Kitsch. Dies bezeugt zumindest eines: Das Problem des Kitsches ist weit mehr als eine volkspädagogische Frage, und die übliche mokant-amüsante Revue von billigstem Nippes, Devotionalien, Sofakissen und Schlagertexten verharmlost und verdeckt ein schwieriges Problem selbst auf kitschige Weise. Nicht minder fragwürdig aber ist die umgekehrte Emphase für hohe Kunst, die häufig komisch wirkt, weil der gegen den Kitsch wütende Verfasser in eine kitschige Schwärmerei für hohe Kunst gerät! Besonders Michel hat auf diesen grotesken Sachverhalt hingewiesen, der die äußerst tückische Allgegenwart des Kitsches beweist: »Und selbst einem, der sich gegen jede Infektion gefeit glaubt, laufen mitunter

3 Vgl. Reisner, a. a. O., S. 50ff., 196ff. Reisners Ergebnis: »Am Kennzeichen ›Materialunechtheit‹ Kitsch erkennen zu wollen, ist schwierig und letztlich unmöglich, da sich nicht einwandfrei erkennen läßt, was Materialunechtheit überhaupt ist.« (S. 67) Ferner: »In allen Fällen von Materialvergehen läßt sich eine meist alte Tradition feststellen.« (S. 92) Über Materialfehlgriffe S. 99. – Vgl. auch Hans Sedlmayr, »Verlust der Mitte«, Salzburg 1948, S. 135ff.

4 Broch, »Das Weltbild des Romans«, in: »Dichten und Erkennen«, S. 217. Brochs »biogenetisches Grundgesetz des Kunstschaffens« besagt, daß »selbst in den höchstentwickelten Kunstformen auch noch alle Vorformen weiterleben« (S. 229).

5 F. Karpfen, »Der Kitsch. Eine Studie über die Entartung der Kunst«, Hamburg 1925, S. 87. Vgl. auch W. Waetzold, »Schöpferische Phantasie«, Wiesbaden 1947, bes. S. 149f.

Tränen die Wangen hinab, obwohl er ganz genau weiß, welch erbärmliches Rührstück ihn da überwältigt. ›Wirf den Kerl hinaus, er bricht mir das Herz‹ – des von einem Bittsteller bedrängten reichen Mannes Wort zu seinem Diener ist auch die Gebärde des Intellektuellen, wenn der Kitsch ihn heimsucht. So stark scheint das Bedürfnis nach Kitsch zu sein, daß es sich sogar noch in der Verurteilung des Kitsches und dem Lob der Kunst Befriedigung verschafft. So raunte Fritz Karpfen in seinem Buch über den Kitsch (1925) von der ›lodernden Fackel der Kunst‹ und dem ›Herzblut des Schöpfers‹; und Christian Kellerer preist ›echt geschöpfte bildnerische Ausdrücke‹ an und die ›Auseinandersetzung mit dem Daimonion der Kulturseele in musisch seherischen Formen‹ (Weltmacht Kitsch, 1957). Die emphatischen Slogans vom ›Herzblut des Schöpfers‹ und dem ›Daimonion der Kulturseele‹ wären vielleicht noch zu ertragen, wenn der ganze Text sie deckte. Hier aber schwingen sie sich auf, um ein Letztes und Absolutes auszudrükken. Das macht sie zum Kitsch, zur heimtückischsten und gefährlichsten Form von Kitsch. Liebenswert und harmlos nimmt sich daneben ein Gartenzwerg aus; er verschandelt nur den Rasen, jene röhrenden Fetische aber verschandeln den Geist, gerade weil sie es ehrlich meinen.«[6] Michel neigt wie wir dazu, die Bedeutung des Kitsches nicht von einer analytischen Betrachtung der Kitschprodukte aus zu bestimmen, sondern sozusagen die Kitschschicht als anthropologisches Problem zum Thema zu machen. (›Schicht‹ ist freilich nur ein sehr vorläufiges Verständnisvehikel.) Damit aber wird der Kitschbegriff noch mehr verallgemeinert, als dies bisher geschah. Es geschieht dies ebenfalls in einem Vortrag von Broch (»Einige Bemerkungen zum Problem des Kitsches«, gehalten in Yale im Winter 1950/51), wo es u. a. heißt: »Ich spreche eigentlich nicht über Kunst, sondern über eine bestimmte Lebenshaltung. Denn Kitsch könnte weder entstehen noch bestehen, wenn es nicht den Kitsch-Menschen gäbe, der den Kitsch liebt, ihn als Kunstproduzent erzeugen will und als Kunstkonsument bereit ist, ihn zu kaufen und sogar gut zu bezahlen: Kunst ist, wird sie im weitesten Sinn genommen, immer Abbild des jeweiligen Menschen, und

6 Michel, a. a. O., S. 46.

wenn der Mensch Lüge ist – als welche er oft und mit Recht bezeichnet wird –, so fällt der Vorwurf auf den Menschen zurück, der solch Lügen- und Verschönerungsspiegel braucht, um sich darin zu erkennen und mit gewissermaßen ehrlichem Vergnügen sich zu seinen Lügen zu bekennen.«[7]

Brochs »*Kitsch-Mensch*« erscheint uns als die weiteste Verallgemeinerung des Kitschbegriffs, worin wir einen Vorzug sehen, da es ja darauf ankommen soll, die Bedingung der Möglichkeit des Kitsches ausfindig zu machen und nicht bloß die Phänomenologie kitschiger Gegenstände voranzutreiben. Wir hoffen sogar, daß die anthropologische Sicht der Phänomenanalyse zugute kommt. (Später werden wir erkennen, daß sogar die scheinbar objektiven Charakteristiken des Kitsches indirekt auf Zustandsbestimmungen zurückführen.) Neben Broch hat unseres Wissens nur noch der Moraltheologe Egenter[8] eine Reduktion des Kitsches auf den Menschen selbst versucht, und zwar entsprechend seinen theologischen Grundvoraussetzungen. Seine Studie »Kitsch und Christenleben« (1950) versucht, »glaubhaft zu machen, daß der ›Vater der Lüge‹ im Kitsch ein bequemeres und wirksameres Mittel besitzt, um die Massen dem Heil zu entfremden, als in den Skandalstücken, welche die sittliche Abwehr der noch irgendwie Gutgesinnten wachrufen«[9]. Es entspricht einer christlichen Anthropologie, den gefallenen, erbsündigen Menschen als Ursprung des Kitsches zu begreifen: »Solange der Herr noch nicht in Macht und Herrlichkeit erschienen ist, solange noch nicht eine neue Erde und ein neuer Himmel (Apc 21,1) diesen Aion abgelöst haben, wird auch der Kitsch nicht auszurotten sein. Ob einer mit Engelszungen redete oder gleich dem alttestamentlichen Propheten mit Donnerkeilen gegen die gipserne Glorie ›christlicher‹ Kunst anginge, der Kitsch wird bleiben, weil die Sünde und die Folgen der Erbsünde auf Erden wirksam sind«.[10]

Es ist verständlich, daß manche Analytiker des Kitsches, verär-

7 Broch, a. a. O., S. 295.
8 R. Egenter, »Kitsch und Christenleben«, Ettal 1950.
9 Ebd., S. 8.
10 Ebd., S. 181.

gert über solche ethisch-metaphysischen oder dogmatisch-religiösen Verallgemeinerungen des Kitsches zu einer umgreifenden Seinsweise des Menschen (Kitsch als das »radikal Böse« bei Broch, als Index des in Erbsünde gefallenen »aion houtos« bei Egenter), einen scheinbar präziseren Kitschbegriff objektiv gewinnen wollen: Kitsch als Pseudokunst, genauer noch, Kitsch als technischer Mangel. »Kitsch ist eine künstlerische Schwäche, eine ästhetische Entgleisung, ein dekoratives Versagen«, schreibt beispielsweise K. Deschner[11], womit er der landläufigen Auffassung am nächsten kommt. Wir wollen unsere prinzipiellen Bedenken gegen eine objektivistische Ästhetik hier nicht wiederholen, fragen uns aber, ob wir nicht wenigstens der allzu tiefsinnig-pauschalen Ausweitung des Kitschbegriffes entgehen könnten, wenn wir die technischen Defekte zum Kriterium des Kitsches machen würden.

Man vermeidet auf diese Weise freilich störenden Tiefsinn, aber auf Kosten des Phänomens Kitsch. Denn es bedarf keiner umständlichen Erörterung, um darzulegen, daß es viel technisch Ungekonntes gibt, das noch diesseits der Problemebene Kitsch/Kunst steht, während es andererseits technisch äußerst gekonnten Kitsch gibt. Fasse ich aber Technik so weit, daß sie ein Synonym für Kunst wird, dann habe ich nichts gewonnen: Denn die Aussage, Kitsch sei nicht Kunst, ist auch sehr allgemein. Das spezifisch Penetrante, Schmelzende, Rührende usw. des Kitsches ist mit technischem Versagen keineswegs zu erklären. (Deschners Beispiele zeigen z. B. technische Versager zeitgenössischer Autoren, aber die Wirkung ist durchaus nicht immer kitschig, sondern einfach ästhetisch unbefriedigend.) Auch der Rekurs auf den ›Geschmack‹, das künstlerische Bildungsniveau[12] u. dgl. hilft bei der Relativität derartiger Sachverhalte nicht weiter, sondern führt bestenfalls zurück zur Frage nach dem – produzierenden bzw. reproduzierenden – Menschen selber, das heißt aber gerade zu der Fragestellung, die man

11 Karlheinz Deschner, »Kitsch, Konvention und Kunst. Eine literarische Streitschrift«, München 1957, S. 24.

12 So etwa in der volkspädagogischen Kitsch-Diskussion; vgl. E. Ackerknecht, »Der Kitsch als kultureller Übergangswert«, Reutlingen 1950, sowie Br. Fricke und J. Langfeldt in ihrer Kontroverse im »Börsenblatt für den Deutschen Buchhandel«, Frankfurter Ausgabe, 1959, Nr. 69, und 1960, Nr. 30.

objektivistisch vermeiden wollte. Die Gefühlsverlogenheit des Kitsches z. B. ist zunächst überhaupt kein technisches Problem, aber auch nicht historisierend aus Konventionalismus oder Epigonentum herzuleiten (wie oft sind große Künstler, Summen einer Tradition, von ›originaleren‹ Technikern als zopfig und altmodisch abgelehnt worden).

Zusammenfassend also dürfen wir feststellen, daß sowohl die historische wie auch die systematisch-ästhetische Betrachtung des Kitsches zu einer prinzipielleren, d. h. aber allgemeineren Sicht drängt: Historisch gibt es keinen deutlich angebbaren Terminus a quo des Kitsches, und das Phänomen selbst wiederum erweist sich als so proteushaft, daß die Grenzlinie gegenüber der Kunst nicht mit Hilfe eines (übrigens gar nicht existierenden) Kunstkanons gezogen werden könnte, da ein solcher selbst historisch variabel bleiben muß. Besonders widerspruchsvoll ist es, wenn auf Grund eines objektiven Kanons der eigentlichen Kunst entschieden werden soll, was Kitsch sei, während gleichzeitig, paradoxerweise, gerade am Konventionellen, Epigonenhaften, Manierierten die Kitschigkeit eines Produktes demonstriert wird.

Zieht man sich aber in Anbetracht dieser Schwierigkeiten auf das ›Erleben‹ zurück, so wird das Problem keineswegs leichter. Denn auch Kunst ist nicht davor gefeit, kitschig genossen zu werden, genauso wie umgekehrt Kitsch (besonders der edle und ›saure‹) als Kunst angeeignet werden kann. Letzteres geschieht am zwingendsten da, wo kitschige Vorlagen künstlerisch sublimiert werden. Allein, diese Sublimation ist auch dem Nacherlebenden möglich, wenn auch hier weniger nachweisbar.

Objektive Ästhetiker und Kritiker neigen nun dazu, ein Werk als solches, ›an sich‹, gleichsam unter Ausklammerung seiner menschlichen Herkunft und Publikumsadresse, beurteilen zu wollen. Indes, jegliches Urteil, das nicht bloß zählt, wägt, mißt, vielmehr als ästhetisches Urteil gefällt wird, beruht ja schon auf Erlebnis (»Eindruck« eines Ausdrucks im Sinne B. Croces; »Einfühlung« oder »Einsfühlung«, Lipps, Volkelt). Der ›ästhetische Genuß‹ – die Lust, die Freude am Schönen usw. – gängelt ja bereits den Beurteiler, noch bevor er konkret wird. Und eben diese subjektive Seite ist die Bedingung auch des Urteils, ob es sich jeweils um Kitsch oder

Kunst handele. Meine Betroffenheit durch einen ästhetischen Gegenstand entscheidet letzten Endes. Bekannt ist ja auch die Tatsache, wie verschieden auf ein und denselben Betrachter der gleiche Kunstgegenstand wirken kann – als ob die objektiven Merkmale selbst höchst relativ seien.[13]

So führen wir die beklagte Allgemeinheit des Kitschbegriffs und -phänomens nicht auf die Verwaschenheit der gemeinten Sache und auch nicht auf das Bedürfnis nach pauschalem Tiefsinn zurück, sondern auf die *Allgegenwart einer anthropologischen Möglichkeit: der kitschigen Zustände* nämlich. Das begreifliche Bedürfnis nach griffigen Urteilskriterien (Kitsch oder Kunst?) darf nicht dazu verführen, die faktische Existenz solcher Zustände einfach in Abrede zu stellen. Die Phänomenologie der kitschigen Zustände ist freilich sehr schwierig (um wieviel schwieriger erst die als selbstverständlich angesehenen künstlerischen). Aber hier zuerst muß Klarheit gewonnen werden. Deschner beispielsweise begibt sich ganz bewußt dieser Möglichkeit: »Es ist das Charakteristikum des Kitsches, daß er unecht ist. Das Leben als solches aber, das heißt ein Bewußtseinszustand, ein Gefühl an sich, ist niemals unecht.«[14] Nun, trotz aller erkenntnistheoretischen Schwierigkeiten, die besonders dem nachdenklichen Psychiater bei der Ontologie der Wahnvorstellungen begegnen[15], lassen sich in der banalen Alltäglichkeit schon genügend verlogene Zustände ausfindig machen. Nietzsches Kritik an den »Gefühlchen«, am »gehobenen Busen« als Argument (»Blasbalg der Wahrheit«), Kierkegaards Enthüllung der »Verzweiflung«, Sartres »mauvaise foi«, Heideggers »Uneigentlichkeiten«, Jaspers' »existentielle Unwahrhaftigkeit«, – all diese philosophischen Bemühungen kreisen um eine Grundtatsache, nämlich, daß es unechtes Leben gibt. Und zwar ein solches, das gleichzeitig um seine Unechtheit weiß. Die Unechtheit und das Wissen davon, wenn

13 Reisner, a. a. O., S. 110: »Es gibt kein unwandelbares, ein für allemal feststehendes Verhältnis des Betrachters (Besitzers) zum Kunstwerk, weder zum hochrangigen noch zum Kitschgebilde.«
14 Deschner, a. a. O., S. 24.
15 Vgl. z. B. Kurt Schneider, »Beiträge zur Psychiatrie«, 2. verm. Aufl., Stuttgart 1948, bes. die methodologisch wichtige Abhandlung »Psychischer Befund und psychiatrische Diagnose« (S. 46–76).

auch zumeist verdeckt, aber dennoch gegenwärtig, sind gleichzeitig zur Stelle. Daher ist es ja auch möglich, an die Eigentlichkeit zu appellieren und die Unwahrhaftigkeit als faktische Seinsweise preiszugeben. (Wie wir sehen werden, ist selbst dem Kinde schon ein ›vrai de jou-jou‹ gegenwärtig.) Nicht erst die Daseinsanalyse der Existenzphilosophen, sondern bereits das allgegenwärtige Komische besitzt seine Kraft in der demaskierenden Funktion, weshalb z. B. gerade die kitschige Unwahrhaftigkeit besonders »eifersüchtig« von der Nemesis des Komischen (Kierkegaard) bedroht ist.

Mit diesen Beobachtungen sind wir wieder beim Kitsch-Menschen angelangt, dessen Analyse in Kapitel V versucht werden soll. Hier ist es uns nur darum zu tun, vorbereitend den Bedeutungsumfang des Kitschbegriffs abzustecken. Das Ergebnis ist insofern negativ, als unsere Befragung der wichtigsten Autoren keine eindeutige Antwort erbracht hat. Offensichtlich ist eines: die Tendenz zu einer Vertiefung der Frage nach dem Kitsch, was aber in concreto zu einer Erweiterung des Begriffes selbst führt. Er wird mehr und mehr zu einer Signatur menschlichen Daseins, sei es soziologisch (Masse, Nivellierung), sei es ethisch (das Böse) oder religiös (Sünde). Die genuin ästhetische Sphäre, in der Kitsch ohnehin nie ernstgenommen worden ist, wird meist verfehlt: Ob Kitsch nun volkspädagogisch als »Übergangswert«[16] oder läßliche Sünde[17] angesehen wird, oder ob man ihn zum undialektischen Gegenbegriff zur Kunst macht, der er bloß technisch nicht gewachsen sei – das Spezifische des Kitsches als latenter Möglichkeit auch der Kunst wird übersehen. Zugrunde liegt diesem ästhetischen Versäumnis die im Eingangskapitel erwähnte Einseitigkeit der Ästhetik, die erkenntnistheoretisch orientiert war, wenn sie die vor-künstlerischen Akte untersuchte bzw. überhaupt nur die hohe Kunst zu ihrem Gegenstand machte.

Die von uns angedeutete dritte Möglichkeit, einer *anthropologi-*

16 Vgl. die in Anmerkung 12 genannten Aufsätze.

17 In der Praxis des religiösen Lebens, aber auch noch bei dem sonst so besonnenen Egenter, a. a. O., z. B. S. 62: »Lieber eine echte herzliche Marienverehrung in der Form eines kitschigen Liedes oder Bildchens als keine (echte) Marienverehrung.«

schen Ästhetik nämlich, wird von dem *allgemeineren Begriff des Kitschigen überhaupt* ausgehen und die kitschigen Objekte als Niederschlag kitschiger Zuständlichkeiten begreifen bzw. als Anreiz zu diesen. Die unfreiwillige Kitschigkeit von Produkten, d. h. die technische Ungekonntheit, die kitschige Wirkungen auslösen kann (nicht muß!), hat für uns nur sekundäre Bedeutung; das Erleben, der Genuß dagegen sind die Ausgangsbasis. Freilich, objektive Beschreibungen vorfindlicher Gegenstände sind naheliegend. Aber man darf nicht übersehen, daß die scheinbar bloß objektiven Merkmalsangaben implizite Appelle ans Erleben enthalten oder an solche erinnern wollen. Wenn nicht rein abstrakte Angaben (Zahl, Maß, Gewicht) gemacht werden, sondern in der Beschreibung Wendungen wie Süßlichkeit, Unechtheit, Unwahrhaftigkeit, billiger Geschmack u. ä. vorkommen, dann werden bereits Erlebnisse mitgeteilt. (Wissenschaftliche Protokollsätze sind anderer Natur.) [18] Daher unser bewußt *introspektiver* Weg, ausgehend von dem Innesein des Kitschigen, das sich wohl in Kitschprodukten objektivieren kann, aber nicht muß, und das auch in der Begegnung mit Kunstwerken – statthaft oder nicht – zur Stelle sein kann. Gerade diese letztere Möglichkeit wird uns dazu führen, einen weniger statischen Kitschbegriff zu verwenden als denjenigen, der in der manichäistischen Alternative Kitsch/Kunst vorausgesetzt wird. Wie wäre es hingegen, wenn Kunst wesensmäßig eine Kitschschicht enthielte, diese latente Schicht aber überwände? So daß also die kitschige Aneignung von Kunstwerken sozusagen eben jene für Kunst spezifischen Überwindungsakte aufheben würde? In solcher Sicht, deren Anstößigkeit uns freilich bewußt ist, wäre Kitsch – wie übrigens auch Kunst – eine wesentlich dialektischere Tatsache des Bewußtseins, als gewöhnlich angenommen wird. (Brochs Wendung vom »Tropfen Kitsch in jeder Kunst« und Karpfens »Kitsch im Genie« wären dann ernstzunehmende Thesen). Selbst objektiv noch ließe sich diese dialektische Kitsch/Kunst-Theorie an bekannten Reduktionen großer Kunst erhärten; in der Musik z. B. an den Transkriptionen, in der Malerei an Reproduktionen, in der Li-

18 So in der (neo-)positivistischen Wiener Schule um Schlick und Carnap: »X hat zur Zeit T das Phänomen P am Orte L beobachtet.«

teratur an Verfilmungen, in der Plastik und Architektur an den Miniaturen usw. (Generell etwa auch an den dilettantischen Reproduktionen überhaupt.) In all diesen Fällen, die übrigens mit Sicherheit nicht erst 1870 auftauchten, erweist sich die Verkitschung von Kunstwerken als möglich. Wieso?

An dieser Stelle darf man es sich nicht zu leicht machen. Besonders groß ist hier die Versuchung, den *technischen Mangel* zum Unterscheidungskriterium zu machen, orientiert am Beispiel des Dilettanten. Wir erwähnten bereits diese Theorie und hielten ihr entgegen, daß es technisch sehr anspruchsvollen Kitsch gibt. (Man denke etwa nur in der Musik an Mantovanisierungen klassischer Vorlagen.) Außerdem können technische Grenzen sehr wohl zum künstlerischen Stil sublimiert werden (ein Beispiel wäre das zunächst auf mangelhaftem Lagenwechsel beruhende Zigeuner-Portamento und -Glissando auf der Violine). Virtuoser Prunk kann oft verkitschen (Liszt-Transkriptionen). Wir wiederholen daher: Technik ist kein Merkmal, mit dessen ausschließlicher Anwendung wir Kitsch von Kunst unterscheiden können, und zwar schon deswegen nicht, weil die Technik sowohl in den Dienst der Kunst als auch in den des Kitsches gestellt werden kann. Der unfreiwillige Kitsch, der auf technischen Mängeln beruht, erscheint uns als sekundäres Phänomen.

Viel zutreffender ist dagegen Hanslicks Bemerkung über den Dilettanten, daß er »mehr fühle als der Kenner«. Also nicht das weniger Können in technischer Hinsicht, sondern das mehr Fühlen ist entscheidend. Freilich ist dieses ›mehr‹ genauer zu charakterisieren: Das kitschige Gefühl und der Kunstgenuß unterscheiden sich nämlich keineswegs bloß quantitativ voneinander. Das Spezifische beider Erlebnisweisen ist recht schwer phänomenologisch zu beschreiben. Dennoch muß dies erst einmal versucht werden, manchmal sogar der Sprache zum Trotz, da die in der Sprache des Alltags fixierten Vor-Verständnisse oft Eindeutigkeit und Selbstverständlichkeit suggerieren, wo es sich faktisch um komplizierte und dialektische Sachverhalte handelt. Mit eigener Zielstrebigkeit verführen gängige Termini; man vermutet leicht bei runden Wörtern griffige Sachen. Dennoch läßt sich – zuweilen durch Kunstworte – an ein besseres, diesseits sprachlicher Gewöhnung stehendes Wissen appellieren. (Übrigens gehören solche Appelle zu den Leistungen der Künste selber.) Und gerade das Wissen von den durch die eingeübte Sprache schwer erkennbaren Komplikationen des Bereichs Erleben, Gefühl, Lust und Unlust, Genuß usw. gilt es zu aktivieren. Wie könnten wir sonst über kitschige Zustände sprechen?

Das folgende Kapitel bereitet die Analyse des Kitschigen überhaupt (als Erleben wie als Gegenstand) dadurch vor, daß es ästhetische Genußmöglichkeiten zunächst von anderen Genüssen unterscheidet. Sodann sind wir in der Lage, wenigstens die wichtigsten Eigentümlichkeiten des Kitschgenusses zu charakterisieren.

III. Genuß und Genüßlichkeit

Noch diesseits der Diskussionsebene Kunst/Kitsch kennen wir recht verschieden qualifizierbare Lüste und Genüsse, von denen nur wenige eine Affinität zum Kitschgenuß aufweisen. Diese letzteren aber wollen wir ausfindig machen, d. h. jene Zustände, die ihren Niederschlag in Kitschprodukten finden bzw. durch (genießende) Begegnung mit dem Kitschgegenstand hervorgerufen werden.

Allein, schon diese – wie es scheint – unverfängliche Frage nach jenem eigentümlichen Lustgefühl ›*Kitschgenuß*‹ enthält Vorentscheidungen: Ist überhaupt jeder Genuß schon Lust? Ist beides nicht gar das gleiche Erlebnis? Und wenn beides sich voneinander unterscheidet, wodurch geschieht dies? Warum gehen wir nicht einfach von Kants berühmter Formel aus (sie findet sich übrigens schon bei den Engländern Shaftesbury, Lord Kames, Hutcheson), nämlich dem ›uninteressierten Wohlgefallen‹? Ist mit ihr nicht bündig das Charakteristische des ästhetischen Genusses getroffen? Mit anderen Worten, können wir uns nicht die Umständlichkeit einer Gegenüberstellung vor-ästhetischer Genuß- und Lusttypen ersparen?

Jede einzelne der gestellten Fragen führt weiter zurück in einen Bereich des Gefühlslebens, der nur sehr schwer zu erhellen ist, da unser klassifizierendes und disponierendes Sprechen immer schon angelernte und eingeübte Vorentscheidungen trifft. Der phänomenologische Rekurs auf die Ursprungsregion von *Lust und Genuß* erscheint uns als der angemessenste Weg, derivierteren Interpretationen zu steuern. *Moritz Geiger* verdanken wir die bis heute wohl gründlichste Analyse des ästhetischen Genusses.[1] Im Zusammenhang unserer Fragestellung ist Geigers Kritik an der üblichen Iden-

1 Moritz Geiger, »Beiträge zur Phänomenologie des ästhetischen Genusses«, in: »Jahrbuch für Philosophie und phänomenologische Forschung«, Bd. I, Teil 2, 1913, S. 570 ff.

tifikation von Genuß- und Lustgefühl am wichtigsten.[2] Die Freude z. B. ist von einem Gefühlsmotiv bestimmt: Ich freue mich, ›weil‹, der Genuß dagegen vom Gefühlsobjekt: ich genieße ›etwas‹. Freude also weist über sich hinaus, während Genuß beim Objekt verbleibt. Wir könnten dies auch so formulieren: Genuß ist von einer spezifischen ›Immanenz‹, Freude aber transzendiert das Erleben.

Diese prinzipiellen Feststellungen sind freilich nicht selbstverständlich, denn tatsächlich besteht ein Hang, die Eigentümlichkeiten beider Erlebnisweisen zu überhöhen, sie nicht in ihrer genuinen Sphäre zu belassen. Gewiß, »Genuß ist, solange er dauert, sich selbst genug. Es führt keine Brücke zum übrigen Leben«[3]. Allein, bei dieser »Abgeschlossenheit des Genußlebens« bleibt es gewöhnlich nicht. Es wird dem Genuß – später bzw. zusätzlich – ein Motiv unterstellt. Die phänomenologische Betrachtung etwa der sogenannten Schadenfreude zeigt eine solche Tendenz, Genuß in Freude umzumünzen. Tatsächlich ist Schadenfreude meist »Genuß am Schaden eines anderen«[4]. Das isolierte Für-sich-Sein des Genusses wird motiviert und damit zur Freude über den Schaden des anderen.

Umgekehrt, dürfen wir hinzufügen, gibt es auch eine Tendenz, der Freude einen transitiven Sinn zu verleihen, wie er beispielsweise im Slogan »Kraft durch Freude« erscheint. Hier soll der eigentümlichen Motiviertheit der Freude Genußcharakter unterstellt werden: Genuß der – dem ursprünglichen Freudegefühl zunächst gänzlich irrelevanten – Kraft. (Der Slogan meinte wohl noch einen weiteren Schritt: Kraft der Volksgemeinschaft.) Auch in diesem Falle – wie so oft – ist das Komische eine Sonde. (Vgl. Goethes Wort über Lichtenberg: Lichtenbergs Späße könne man sich »als der wunderbarsten Wünschelrute bedienen; wo er einen Spaß macht, liegt ein Problem verborgen«.) Der phänomenologische Erschließungscharakter des Komischen wird uns noch mehrfach begegnen.

Wir bewegen uns noch immer im *Umkreis des Genusses über-*

2 Ebd., S. 585ff.
3 Ebd., S. 596.
4 Ebd., S. 598.

haupt und sprechen noch nicht von dem eigentlich ästhetischen Genuß. Geiger umschrieb die Differenz von *Freude und Genuß* auch so: Freude sei auf Sachverhalte bezogen, Genuß dagegen auf Gegenstände (des Genusses nämlich). Freude ist charakterisiert durch das ›daß‹ (ich freue mich, daß...); dagegen genieße ich ›etwas‹ (transitiv; Akkusativobjekt). Auch hier gibt es wiederum bezeichnende Umstellungen. Es wird etwa der Sachverhalt, das ›daß‹, genossen; man beachte jedoch, daß es sich hier bereits um eine Vergegenständlichung handelt, die über das pure ›daß‹ hinausgeht. Ich genieße etwa die Situation, d. h. aber: Ich mache – genießend – aus dem ›daß‹ ein ›Etwas‹, z. B. indem ich mich neben mein freudiges Innesein stelle und diesen Sachverhalt (mich als den sich Freuenden) genieße. Anders formuliert: Eine Gegebenheitsweise über den Sachverhalt hinaus erst charakterisiert das Genießbare (Genußobjekt).

Diese scheinbaren Subtilitäten sind de facto bereits der naiven vis comica gegenwärtig. So etwa, wenn ein genüßliches Zurschaustellen von Zustandsgefühlen (Freude, Heiterkeit) im Fernsehen stattfindet. (Die peinliche Betroffenheit des Zuschauers vor dem Fernsehschirm, wenn Karnevalsveranstaltungen übertragen werden.) Oder die Komik in Thomas Manns Wendung, der alte Jakob »mache Gebrauch von seinem Jammer«. Die transitive Praxis bemächtigt sich – ungereimterweise – eines Zustandsgefühls. Ähnlich ungereimt ist die genießende Bemächtigung eines Zustandsgefühls, z. B. eben die Sentimentalität, die den eigenen Jammer gebraucht, um ihn zu genießen. Analytisch betrachtet, ein recht komplexer Sachverhalt. (Man hat ›Spaß an der Freud‹.)

Genuß also setzt eine gewisse – nur gewisse – Distanz voraus, sozusagen ein kleines Vis-à-vis von Genießendem und Genußgegenstand. Und darin liegt die Möglichkeit zu weiteren Distanzierungen; eine darunter ist die ästhetische. Der ästhetische Genuß hat nun in der Tat mit der Sentimentalität gewisse Gemeinsamkeiten. Für unsere Analyse des Kitschigen ist es daher wichtig, diese besonders heikle Berührungsstelle näher zu untersuchen. Wir könnten auch sagen: Es geht uns um die Beobachtung der Gemeinsamkeiten und Unterschiede von *ästhetischer Distanz und sentimentalem Selbstgenuß.*

Wir sprechen dem Sentimentalen gewöhnlich mit Recht echte Gefühle ab; wir meinen – daß er – paradoxerweise – Gefühle spiele. Zugrunde liegt solcher Kritik die Auffassung, daß Gefühl eigentlich ein distanzloses Inter-esse (wörtlich genommen) sei. Infolgedessen, so könnte man fortfahren, sei es eine besonders krasse Perversion, wenn an die Stelle des Inter-esses das Interessante tritt, das heißt, wenn ein Gefühl distanziert (genießend) gefühlt wird. Totale Benommenheit wird z. B. zur partiellen Rolle, also einer ›unbenommen‹ gesteuerten, manipulierten Pose und damit zum Genußgegenstand. (Über die Ex-zentrik der Schauspielerexistenz vgl. Plessner.[5]) Der Sentimentale geht nicht auf im Gefühl, sondern im spielerischen Genuß. Er verwendet, gebraucht das Gefühl, statt von ihm erfüllt zu sein.

Die Sentimentalität ist, wie wir gleich sehen werden, durch ihren Spielcharakter mit dem ästhetischen Genuß vergleichbar: Sie zeigt – wenn auch gleichsam in karikierender Weise – das Rahmenbewußtsein der Lust an einem Objekt, wie es der ästhetische Genuß auch kennt. Der reine Genuß (›rein‹ im Sinne phänomenologischer Sachgerechtheit) ist gekennzeichnet durch seine eigentümliche Selbstgenügsamkeit, er ist eine »Erlebnis-Enklave« (Geiger), herausragend aus dem Kontext weltlicher Motivationsketten und -systeme. Dies zeigt sich an seiner Zeitstruktur und räumlichen Insularität. Als außerzeitliche Signatur des Genusses gilt der ›Augenblick‹. Der Genuß – »wo wir was Guts in Ruhe schmausen mögen« – hält die Zeit auf, da »werd' ich zum Augenblicke sagen: verweile doch! Du bist so schön«. Der Sentimentale aber, ebenso wie der ästhetisch Genießende, hat ein distanzierteres Verhältnis zum Genußobjekt: Er spannt gleichsam den Genußakt in Weltzusammenhänge ein, durch die der Genuß sich motiviert; man sieht sich sozusagen weltlich um. Aber auch räumlich tendiert der reine Genuß zur splendid isolation, zur Insularität (»Raum ist in der kleinsten Hütte«).

Deutlicher wird unsere Unterscheidung des ästhetischen Genus-

5 Helmuth Plessner, »Zur Anthropologie des Schauspielers«, in: »Zwischen Philosophie und Gesellschaft. Ausgewählte Abhandlungen und Vorträge«, Bern 1953, S. 180ff.

ses vom Genuß überhaupt, wenn wir uns dem *Genußobjekt* zuwenden. Besonders Groos, Volkelt und Lipps verweisen immer wieder auf den sinnlichen Charakter der Genußgegenstände bzw. auf deren Anschaulichkeit im weitesten Sinne. Allein, dies genügt nicht: Geiger spricht zutreffender von der »Fülle«, dem »Vollsein von ›greifbaren‹ Momenten«.[6] (Auch Sartres »densité d'être« wäre zu erwähnen.) Diese Fülle oder Dichte kann auch in der (»üppigen«) Phantasie gegeben sein. Solcher Andrang von Fülle entspricht dem Genießenden: »Trink' o Auge, was die Wimper hält!« Die leibnahen Verben für Genießen verweisen auf diese einzuverleibende Fülle des Genußobjekts: trinken, schmecken (sogar noch im religiösen frui deo Augustins, vgl.: »Schmecket und sehet, wie freundlich der Herr ist!« Psalm 34,9 und 1. Petrus 2,3), sich baden, mit allen Poren genießen, schlürfen, schmausen, auf der Zunge zergehen lassen u. v. a. So findet also im Genuß – ganz im Sinne unserer Sprechweise von den umgreifenden Zuständen – ein subjektiv-objektives Wechselspiel statt, das sich selbst genug ist. Indes, es wäre falsch, nun von einer ›subjektiven‹ Isolation zu sprechen, wozu uns eine rein erkenntnistheoretische Orientierung verleiten möchte. Denn tatsächlich weiß der Genießende sich auf ein (Genuß-)Objekt bezogen: Mit dem Objekt isoliert sich der Genießende.

Die von uns beschriebene Struktur des Genusses reicht freilich noch immer nicht hin, das Besondere des ästhetischen Genießens ausfindig zu machen, geschweige denn das noch speziellere Phänomen des Kitschgenusses. Es gilt, die genießende Gegenstandsbezogenheit noch detaillierter zu beobachten. Am Schema Aktivität/Passivität orientiert, spricht Geiger unseres Erachtens zu Recht von einer eigentümlichen *Passivität des Genusses,* verglichen z. B. mit der Freude. Und dieser passiven Aufnahmebereitschaft entspricht auf der Objektseite ein »Willkommens«-Moment, wie es allem Genuß wesentlich eignet. Nur scheinbar ist jedoch die Weise der Bemächtigung ein Moment des Genusses selber, wie irrigerweise oft angenommen wird. Tatsächlich ist selbst das heftige, stürmische Sichbemächtigen kein Einwand gegen die erwähnte Passivität des Genießens. Denn es lassen sich deutlich zwei Phasen – Erfassung

6 Geiger, a. a. O., S. 602.

des Genußobjektes und der Genuß selbst – unterscheiden.[7] Die aktive Heftigkeit, ja Turbulenz bei der Erlangung des Objekts hebt sich ab vom folgenden Akt, »wo wir was Guts in Ruhe schmausen mögen«. Die Aktivität, sagt Geiger, geht »nur die Stellung des Ich zum Genuß, nicht die Stellung des Ich im Genuß an«.[8] (Sehr subtil ist etwa die Komik der Äußerung des Berliner Droschkenkutschers vor der Giraffe im Zoo: »So'n Hals – und dann ein Korn!«) Der Hiatus zwischen den beiden Akten, Genuß und Erfassung des Genußgegenstandes, ist von großer Bedeutung für die nähere Charakteristik des ästhetischen Genusses, zumal ja auch während des Genusses noch stellungnehmende Akte neben der genießenden – passiven – Hinnahme stattfinden. Das Stellungnehmen aber ist ein zusätzliches Moment, das den Genuß erst als ästhetischen Genuß qualifiziert.

Das sogenannte *Wohlgefallen* meint eben jenes zusätzliche *Stellungnehmen* zum primär hinnehmenden Genuß. (Unsere Distinktion zweier Akte wird wohl deutlicher, wenn wir das bekannte Betretensein erwähnen, in welches wir bei der Frage geraten, wie uns ein Musikstück gefallen habe; haben wir nämlich bloß genossen, ist der stellungnehmende Akt des Gefallens noch gar nicht eingetreten.) Phänomenologisch aufschlußreich ist auch die Komik der Preziösen Molières, die – ›typisch weiblich‹ – Wissenschaft genießen (erste Ungereimtheit) und diesen Genuß dann noch in Wohlgefallenskategorien umsetzen (zweite Ungereimtheit): »Ich liebe die Wirbelwinde«, »Mir gefällt Epikur«. Das ästhetische Wohlgefallen ist gegenüber dem Genuß überhaupt – trotz Groos – eine das hinnehmende Genießen transzendierende Stellungnahme. Denn im puren Genuß gehe ich auf, die Stellungnahme erfolgt ›außerdem‹. Hier liegt die wesentliche Differenz von Genuß und ästhetischem Genuß. Und an diesem Punkte haben wir auch das zum Wesen des Kitschgenusses gehörige Quidproquo ausfindig zu machen.

Halten wir unser vorläufiges Ergebnis fest: Genuß ist auf den Genußgegenstand bezogen, der in Isolation genossen wird; ästhe-

7 Ebd., S. 605.
8 Ebd., S. 606.

tischer Genuß hebt diese Isolation des Genusses in gewisser Weise auf, da nun Stellung genommen, Wohlgefallen am Genußgegenstand gefunden wird. Es tritt also jener Hiatus im Genußerleben ein, der als ästhetische Distanz bezeichnet wird oder als das Moment der Kontemplation. Damit ist eine »Fernstellung von Ich und Gegenstand«[9] gemeint, ein eigentümliches Vis-à-vis, das zwar den mehr »mystischen« Genuß voraussetzt, aber sozusagen einklammert zugunsten des sich emanzipierenden Genußgegenstandes, der nun zum eigentlich *ästhetischen Gegenstand* wird. Die berühmte *Interesselosigkeit des ästhetischen Wohlgefallens* meint eben diese spezifische Verselbständigung des Gegenstandes, der für den ästhetisch Genießenden gleichsam eingerahmt wird. (Die Funktion des Bilderrahmens mag paradigmatisch genommen werden für die ästhetische Bewußtseinshaltung überhaupt.) Die Privatheit und Isolation reinen Genießens wird durch die kontemplative Haltung beeinträchtigt bis aufgehoben. Von der geringfügigen Beeinträchtigung bis zur totalen Aufhebung reicht die Skala möglicher ästhetischer Akte; der Kitsch aber ist, wie wir sehen werden, innerhalb dieser Skala zu lokalisieren.

Es bedarf hierzu jedoch noch einer näheren Kennzeichnung des ästhetischen Genusses. Denn die bloße Fernstellung von Ich und Gegenstand im Genuß ist kein zureichendes Kriterium: Auch theoretische und praktische Einstellung sind nämlich Fernstellungen. (Auf dieser Tatsache beruht der Irrtum, ästhetische Akte wie theoretische nur als ›niedere‹ zu interpretieren.)

Kants nähere Definition des Interesses kann uns weiterführen. Interesse nennt er das Wohlgefallen, das wir mit der Vorstellung der Existenz eines Gegenstandes verbinden[10], also dem »Dasein eines Objekts oder einer Handlung«[11]. Übergehen wir Kants terminologische Abweichungen, und halten wir vor allem fest, daß die genannte ästhetische Haltung gegenüber der bloß genießenden, bei aller Bezogenheit auf ihren Gegenstand, dessen Dasein, Existenz, ausklammere. Dem Genuß überhaupt liegt alles an der prallen fak-

9 Ebd., S. 632.
10 Kant, »Kritik der Urteilskraft‹, (A), S. 5.
11 Ebd., S. 10.

tischen Existenz eines Gegenstandes, dem ästhetischen Genuß dagegen nicht. Da jedoch, wie wir fortfahren möchten, eine solche Indifferenz »in Ansehung des Daseins eines Gegenstandes« (Kant[12]) keineswegs auf ästhetische Akte beschränkt ist (vgl. z. B. die Mathematik), bedarf es einer weiteren Kennzeichnung der ästhetischen Indifferenz.

Karl Groos hat, wohl von Schiller angeregt, den ästhetischen Genuß als Spiel betrachtet.[13] Die Gleichung Groos' – *Spiel* = ästhetischer Genuß – enthält zweifellos viel Richtiges, vor allem in der Umkehrung: ästhetischer Genuß = Spiel. (Daß sie in ihrer Verallgemeinerung bedenklich ist, darauf werden wir noch eingehen.) Gemeinsam ist dem Spiel und dem ästhetischen Genuß vor allem die obenerwähnte Indifferenz, also die Einklammerung der Existenz. Die Gegenstände der Spielwelt sind wesentlich Repräsentanten von Existierendem, vertreten also Wirklichkeit. Dieser Fiktionalismus des Spiels (dieses Als-Ob) – die Puppe als Kind – zeigt eine wesentliche Verwandtschaft mit der Interesselosigkeit an der Existenz beim ästhetischen Genuß. Das Moussieren von Schein und Sein gehört zu beiden, zum Spiel wie zum ästhetischen Genuß. Der »Reiz des Spiels« (vgl. M. Lazarus[14]) besteht im dialektischen Genuß solcher Ambivalenz. (Wir geben hier noch keine Deutung der existentiellen Funktion des Spiels, vgl. dazu den Anhang.) Spielgegenstände, wie Genußgegenstände überhaupt, sind von einer sinnlichen Griffigkeit, wobei allerdings ästhetische wie Spielgegenstände – eben infolge ihrer Repräsentanzeigenschaft – signifikante Abstriche am Realitätscharakter sehr gut vertragen können (das Stück Holz als Puppe; Zeichnen als Weglassen, Liebermann).

Die Gemeinsamkeit von Spiel und ästhetischem Genuß reicht weiter. Vor allem ist das *Moment der Freiwilligkeit* zu nennen, das sowohl in der Hingegebenheit an den ästhetischen Genuß wie im Eintritt in die Spielsphäre konstitutiv ist. Das heißt, sowohl der

12 Ebd., S. 14.
13 K. Groos, »Der ästhetische Genuß«, Gießen 1902, 1. Kap. »Der ästhetische Genuß als Spiel«.
14 M. Lazarus, »Über die Reize des Spiels«, Berlin 1883.

ästhetische Hiatus (durch die Stellungnahme im wohlgefälligen Ausklammern von Existenz) als auch die fiktionalistische Als-ob-Konzession des Mit-Spielenden sind freiwillig. Also freilich mache ich Abstriche bzw. transzendiere ich eine primäre Weise, an Objekte gebunden zu sein: Gegenüber dem puren Genuß distanziere ich das Genußobjekt, indem ich es ästhetisch nehme. Die mich normalerweiser ernst angehenden Realitätsobjekte werden mir im Spiel zu transparenten Chiffren einer willkürlich gesetzten Welt des Scheins. (Man vergleiche die verschiedene Bedeutung beispielsweise des Fußballs für den Ballfabrikanten auf der einen und den Fußballspieler auf der anderen Seite.) Ästhetische Hingabe und Eintritt in die Spielwelt sind mithin freiwillig, zwanglos, was freilich gleichzeitig bedeutet, daß ein Heraustreten aus der ästhetischen bzw. der Spielsphäre allezeit möglich ist. Es ist die Preisgabe der ästhetischen Distanz durch Zurücksinken in den (unästhetischen) puren Genuß ebenso möglich wie (›spielverderbende‹) Desillusionierung der Spielwelt. (Huizinga bemerkt sehr schön, daß Illusion von in-lusio, Einspielung, komme). Wir müssen weder spielen noch uns der Eigensphäre des Ästhetischen hingeben. (Man spricht wohl oft genug von »Zwang« des »überwältigenden Kunstwerks«; allein, es ist schon so, wie Th. Lipps schreibt: »Der objektive Thatbestand, der an sich wohl fähig wäre, sich mir fühlbarer aufzuzwingen, zwingt sich mir freilich auf, und zwar nicht mit gleichem, sondern mit größerem Erfolg, als wenn ich ihm innerlich widerstrebe; er übt seine nötigende Wirkung in vollkommenster Weise; ich bin ganz im Banne seiner Wirkung. Aber der Zwang kann nicht fühlbarer Zwang sein, weil meine spontane Thätigkeit auf das gleiche Ziel gerichtet ist.«[15]) Der Zustand des ästhetischen Genießens und des Spielens ist, wie Schiller sagt, nicht nur Zustand, sondern auch *»unsere That«*. Man kann es auch so sagen: Die In-lusio zu leisten, liegt am Spieler, oder: kein Spiel ohne Spielen. Zur Faszination gehört das Sich-faszinieren-*Lassen.*

Wir erkennen jedenfalls, daß im ästhetischen Genuß wie im Spiel gegenüber dem real existierenden Objekt eine *stellungneh-*

15 Th. Lipps, »Ästhetische Einfühlung«, in: »Zeitschrift für Psychologie und Physiologie der Sinnesorgane«, XXII, S. 422.

mende Freiheit am Werke ist; dabei verstehen wir unter Freiheit zunächst nur jenen willkürlichen Akt, durch den wir das Genußobjekt in seiner primären Realität gewissermaßen in Schwebe bringen und damit auch unseren Bezug zu ihm. (Sartres phänomenologische Ontologie spricht in diesem Zusammenhange von Freiheit als »néantisation«.) *Wir* sind es, die unser Interesse zurücknehmen. Paradox formuliert: Wir gewinnen Interesse an unserer Interesselosigkeit. Dieses höhere Interesse, das die primäre Beziehung zum faktisch existierenden Genußobjekt verdrängt, ist freilich nicht frei von Genußqualitäten. Nur wird jetzt der Genuß dialektischer; ich genieße nämlich die Schwebe mit, in die ich den primären Genuß und seinen Gegenstand gebracht habe.

Von seiten der Wahrnehmung des *Objekts* läßt sich diese Schwebe auch erfassen. Wir erwähnen nur die längst bekannte Vorrangstellung der sogenannten *»Fernsinne«* im Ästhetischen (vgl. hierzu bes. Plessner[16]): Auge und Ohr sind schon durch ihre notwendige Distanz zum Wahrnehmungsobjekt freier als die leibnahen Sinne. Schiller drückt dies sehr schön aus: Dem Auge und dem Ohr sei die andrängende Materie weggewälzt von den Sinnen. Die kontemplative Distanz und Transparenz ist den Fernwahrnehmungen gegenüber wesentlich erleichtert. (Obgleich es freilich in Japan Geruchsspiele gibt.) »Die köstlichsten Tafelfreuden, die erlesensten Vergnügungen der Liebe lassen den Menschen genießen, ohne ihn über zuständliche Erregungen hinauszuheben... Warum keine Symphonie für den Tastsinn, für Geruch und Geschmack?« (Plessner[17])

Aber auch abgesehen von der Leibnähe der Wahrnehmungsobjekte, gibt es sozusagen objektive Spielcharaktere an Dingen, Freiheit in der Erscheinung könnte man – in einem gar nicht Schillerschen Sinne – sagen. Wir meinen objektive Wahrnehmungsqualitäten, die dem spielerischen Hinblick strukturell entgegenkommen. Vor allem Buytendijk[18] hat darauf hingewiesen: Ball, Wollknäuel,

16 Plessner, »Die Einheit der Sinne«, Bonn 1923, siehe bes. den 4. Teil über die Selbständigkeit der Sinneskreise, S. 187ff.
17 Plessner, a.a.O., 252.
18 F. J. J. Buytendijk, »Wesen und Sinn des Spiels«, Berlin 1933.

Wasserwellen, Räder, Schaukel, Karussell, Wolken u. v. a. sind schon in ihren Wahrnehmungsqualitäten illusionsfördernd, das heißt, sie appellieren an die Spielfreudigkeit. Ebenso alles Glitzernde, Schimmernde; Triller, Tremolo; für die Nahsinne: Kitzel, Schwindel. Kurzum: Wahrnehmungen, die infolge ihrer paradoxen Erscheinungsweise zwischen Schein und Sein, infolge ihres Oszillierens zwischen verschiedenen möglichen Aspekten zum Spiel im weitesten Sinne reizen. Spiel im weitesten Sinne meint eben jene fundamentale Bewußtseinsverfassung, da die einsinnige Beziehung zum puren Genußobjekt frei in Schwebe gebracht wird. Der reine Genuß wird transzendiert.

Ästhetischer Genuß und *Spielgenuß* sind also, bei aller Hingegebenheit an ihr Objekt, abzuheben von einer anderen Möglichkeit reflektierten Genusses. Es gibt, wie wir bereits zur Kenntnis nahmen, den *Selbstgenuß*, in dem der rein (also nicht ästhetisch und nicht spielend) Genießende sich als Genießenden genießt. Wir sagten, er genieße, daß er genieße. Es kommt uns sehr darauf an, diesen Genußtypus in keinem Falle mit dem ästhetischen Genuß zu verwechseln. Hier nämlich handelt es sich um einen reflektierten Genuß ganz spezieller Struktur. Im Anschluß an den kommunen Sprachgebrauch könnte man den Unterschied beider Genüsse als den von *Genüßlichkeit und ästhetischem Genuß* definieren. In der Genüßlichkeit ist Distanz zu den Genußobjekten – verglichen mit der ästhetischen Distanz – insoweit unecht (wir meinen hier damit noch kein Werturteil), als nur scheinbar transzendiert wird: Die Genußqualität nämlich des primären Genußobjekts bleibt im Selbstgenuß erhalten und wird nicht modifiziert. Anders formuliert: Der Genüßliche tendiert dazu, die Freiheit ästhetisch-distanzierten Genusses vorzutäuschen, bleibt aber de facto dennoch weitgehend im Banne seines nicht-transzendierten Objekts. Wir sagen ›weitgehend‹, um damit das merkwürdige Ineinander von Objektgenuß und Selbstgenuß anzudeuten, das den Genüßlichen kennzeichnet. Noch diesseits wertender Kategorien können wir in der *Genüßlichkeit* einen *unreinen Genußtypus – quasi-ästhetischer Art* – ausfindig machen, der keineswegs konstruktiv errechnet zu werden braucht; tatsächlich reagieren wir recht elementar, wenn wir ihm (in uns selbst oder bei anderen Menschen) begegnen.

Scham, peinliche Verlegenheit, Ekel, strafende Nemesis des Komischen sind unsere Reaktion auf ihn. (Man vergleiche etwa unsere Toleranz gierigen Tieren gegenüber mit dem Angewidertsein angesichts feinschmeckerischer Mitmenschen; Hunger und Appetit; Triebhaftigkeit und Lüsternheit u. a. m.)

Um die ›*Unreinheit*‹ *der Genüßlichkeit* genauer zu bestimmen, ist es erforderlich, jenes Innesein der Unreinheit zu befragen, das uns die Genüßlichkeit so suspekt erscheinen läßt. Es ist dies eine Scham oder Verlegenheit, die als Indikator zur Stelle ist, sobald die Freiheit der Distanz zum Genußobjekt Einbuße erleidet. Eigentlich ist sogar schon der Genüßliche unterwegs zu einer Freiheit: Ihm genügt ja die isolierende und fixierende Gebanntheit an sein Genußobjekt auch nicht; aber statt es nun (ästhetisch oder spielend) zu transzendieren, bleibt er erst recht bei ihm, indem er seinen Genuß genießt. Er verharrt also in der Sphäre, die zu verlassen er sich anschickt. (Im Bilde zu sprechen: Das Schmatzen bleibt sich gleich, ob er nun seine Speise oder sich selbst, den Speisenden, genießt.) Starke Gefühle, in ihrer Intentionalität oder Zuständlichkeit zwar zwingend, sind gegen Scham in höherem Maße gefeit als bloß unzureichende, schwächliche Freiheitsanwandlungen. (Scheler spricht z. B. sehr treffend von der Scham als einem Damm, den erst heftige Leidenschaft durchbreche.[19]) Jener für Nietzsches Verständnis des Menschen so fundamentale ›Haß gegen die der Tierheit näher gebliebenen Stufen[20] zeigt sich vor allem in der Scham, die phänomenologisch höchst sensibel die menschlichen Freiheitsakte bzw. deren Scheitern registriert. Allein, ebendiese Scham kann gleichzeitig dazu führen, daß (Quasi-)Freiheitsakte stattfinden, die alles beim alten lassen.

Genuß, ästhetischen Genuß und Genüßlichkeit wollen wir nun im folgenden Kapitel am *Beispiel des Kitschgenusses* demonstrieren. Dabei ist zu beachten, daß wir demnach Kitsch und Kitschgenuß noch gar nicht in die Problemsphäre Kitsch/Kunst tragen, sondern

19 Max Scheler, vgl. seine Abhandlung »Über Scham und Schamgefühl« (1913), veröffentlicht im Nachlaßband I, Berlin 1933.

20 Nietzsche, »Menschliches, Allzumenschliches« I, 2. Hauptstück, Aphorismus 40: »Das Über-Tier«.

über das Kitschige als ein Phänomen, das noch im Umkreis der von uns besprochenen Genußsphäre liegt, sprechen wollen. Das heißt, es steht hier gar nicht Kitsch als »Pseudokunst« zur Diskussion. Wenn z. B. von der ›Billigkeit‹ oder ›Unechtheit‹ des Kitschigen die Rede sein wird, so besagt dies nicht billig bzw. unecht verglichen mit der Kunst, vielmehr eine Eigentümlichkeit, die dem Kitsch auch sonst immer schon zukommt. (Inwieweit es in der Kunst anders ist, geht uns also zunächst nichts an.) Mit anderen Worten: Wir werten nicht, sondern beschreiben höchstens Wertungen, die im Kitscherleben selbst schon getroffen werden. Dabei gilt uns als Wertung beispielsweise bereits jenes Lächeln, das so häufig die Verlegenheit des Genüßlichen verrät. Mittels dieser »Mimik des Geistes«, die jene »spezifische Distanz« zum Vorschein kommen läßt, »welche allen menschlichen Monopolen, nicht zuletzt der Sprache, zugrundeliegt« (Plessner[21]), verrät auch noch der Genüßliche selbstbewertendes Stellungnehmen. Er tut dies freilich auf recht ambivalente Weise: Lächelnd – mit dieser leichtesten mimischen Bewegungsform – drückt er Behagen und Souveränität über die Behaglichkeit in einem aus.

21 Plessner, »Das Lächeln«, in: »Zwischen Philosophie und Gesellschaft«, S. 201.

IV. Kitsch und Kitschgenuß

Die Gegenüberstellung von Kitschgegenständen und Kunstwerken hat als Demonstration ad oculos begreiflicherweise etwas Überzeugendes und beherrscht deswegen fast die ganze Literatur über den Kitsch. Es überzeugt jedoch eigentlich nur das erlebte Werk selbst bzw. die nachvollzogene Konfrontation, nicht die gegebene Erklärung. Freilich neigt man dazu, eine theoretische Deutung hinzunehmen, wenn die Ad-oculos-Demonstration überzeugt. So gibt es z. B. eine Reihe theoretisch unzureichender Hypothesen über das Komische, die aber berühmt wurden, weil die Verfasser ausgezeichnete Witze erzählten: Die zündende Wirkung der Beispiele setzt sich leicht in Zustimmung zur vorgetragenen Theorie um.

Sehr viel schwerer hat es eine Untersuchung, die sich primär der – gewöhnlich als selbstverständlich vorausgesetzten und doch so gar nicht selbstverständlichen – Erlebnisregion zuwendet. Da werden nämlich die Objekte nur indirekt relevant. Im Hinblick auf unser Thema: Die Kitschigkeit der Kitschgegenstände wird gewissermaßen hergeleitet vom *kitschigen Erleben* selbst, das als latente Möglichkeit stets zur Stelle ist. Die objektive Qualifikation eines Dinges als Kitsch setzt bestimmte Bewußtseinsverfassungen voraus, denen unsere Aufmerksamkeit gilt. Phänomenologisch aufschlußreich ist eine Photographie, die Arthur Koestler in seinem viel zuwenig beachteten Werk »Inside and Outlook«[1] bringt. Die Aufnahme zeigt eine – wie man zunächst meint – aus Stearin oder Wachs gebildete kranzartige Blume mit langen Perlen als Blumenblätter. Schlagartig stellt sich das Bewußtsein um, sobald man erfahren hat, daß es sich um die Momentaufnahme eines Wassertropfens handelt, der gerade auf eine Wasserfläche gefallen ist; die Perlen sind die sehr gleichmäßig gebildeten und verteilten Spritzer.

1 Arthur Koestler, »Inside and Outlook«, New York 1949.

Das Ding (= die Photographie) ist das gleiche geblieben, aber drei, deutlich abhebbare, Erlebnisse sind eingetreten: erstens das Stearingebilde, zweitens der Wassertropfen, drittens das verwirrende Moussieren zwischen dem ersten und dem zweiten Erlebnis. Ein weiteres Beispiel: Wie sollte man so bewußt überpointierten Aussprüchen wie den folgenden ›objektiv‹ entgegentreten: »Kitsch? Alles Ewige! – Alles Alltägliche! – Alles Gewaltige! – Die Frage bleibt ungelöst.«[2] Oder: »Die Natur ist fast immer Kitsch.«[3] Wedekind und Fechter stellen mit ihren Enfant-terrible-Aussprüchen die unreflektiert objektivistische Kitschanalyse in Frage, unseres Erachtens zu Recht; Koestler aber stellt mit seinem verwirrenden Photo die Aufgabe, es mit einer Analyse der Erlebnisse selbst zu versuchen.

Unser methodischer Ansatz schließt die Beobachtung der Kitschobjekte nicht aus; nur die einseitige Betrachtungsweise objektivistischer Analyse soll vermieden werden. So werden im folgenden Überblick über Merkmale des Kitschigen auch eine Reihe von Eigenschaften des Kitsches aufgezählt werden, wie wir sie schon aus objektiven Beschreibungen kennen; aber uns wird es darauf ankommen, solche Eigenschaften aus der Erlebnisstruktur zu begreifen, nicht aus der Dingbeschaffenheit allein. Es gibt das kitschhafte Auge, wie es ein ›sonnenhaftes‹ gibt. Und diese *Kitschdisposition* braucht vor nichts haltzumachen. Die Genüßlichkeit bemächtigt sich nicht bloß der Kitschobjekte, sondern ebenso der Kunst, nicht nur des Gefälligen, sondern auch des Widerwärtigen, Ekelhaften; neben dem süßen Kitsch gibt es auch, wie Kurt Glaser treffend sagt, den »sauren Kitsch«. Lebensstile, Welthaltungen, Frömmigkeitstypen können kitschige Züge tragen (Näheres hierüber in Kapitel V).

Kehren wir also zu unserem Ausgangspunkt zurück, dem Genießen, das noch diesseits jeglicher ästhetischen Qualifikation steht. Hier wird genossen ohne reflexive oder transzendierende Beimischung, d. h. ohne den Genuß zu genießen und ohne das Genußobjekt fiktiv oder sonstwie auszuklammern (vgl. das über

2 Zitiert bei Michel, a. a. O, S. 31.
3 Zitiert bei Deschner, a. a. O., S. 23.

ästhetischen Genuß und Spiel Gesagte). Die pralle, üppige, deftige Anwesenheit des Genußobjekts ist genug. Daher die Isolation des Gesamtzustandes ›reiner Genuß‹.

So zwingend uns Geigers Phänomenologie des (vor-ästhetischen) puren Genusses erscheint, die Abhebung des reinen Genießens vom ästhetischen Genuß wird bedenklich, wenn er schreibt: »Der Genuß kommt und geht mit dem Genußobjekt; und der tiefste ästhetische Genuß ist in diesem Sinne etwas, das herausfällt aus dem übrigen Leben ...[4].« Tatsächlich kommt es gerade hier auf sehr scharfe Distinktionen an: Die Isolation des reinen Genusses muß deutlicher von der Isolation des ästhetischen Genusses abgehoben werden. Geschieht dies nicht, dann wird der Kitschgenuß phänomenologisch gar nicht mehr evident zu machen sein. Ebenso riskant ist es auch, wenn Geiger vom ästhetischen »Betrachtungsgenuß« spricht: Denn das stellungnehmende ästhetische Genießen (Wohlgefallen) ist »betrachtendes Genießen«, und nicht etwa der Genuß meines Betrachtens. Letzterer tendiert zum Kitsch (auf allen Stufen, auch beim differenzierten Schöngeist noch), das erstere aber nicht.

Die splendid isolation puren Genießens, sein ›Interesse‹, wird im ästhetischen Genuß sowie im Spiel auf charakteristische Weise durchbrochen. Ich stelle mich neben meinen primären Genußzustand, und aus dieser Fernstellung, wie wir sagten, nehme ich auf neue Weise Stellung, und zwar mit einer Freiwilligkeit, die ich auch wieder preisgeben kann zugunsten des isolierten Genießens.

Grob gesprochen würde der *Kitschgenuß* eigentlich eine spezifische *Unentschiedenheit zwischen purem Genuß und ästhetischem Genuß* bedeuten, wobei ebendieses *vage Zwischensein genossen* wird. Weder die Transzendenz eigentlich ästhetischen Genießens noch die Immanenz puren Genusses wird intendiert, sondern ein ambivalenter Zwischenzustand des ›halb zog sie ihn, halb sank er hin‹, wobei wir noch hinzufügen möchten: Halb ließ er sich hinsinken (und genießt mithin sozusagen anderthalbmal). Die Genüßlichkeit scheint uns diese Struktur aufzuweisen, ebenso die Sentimentalität. (Hanslicks erwähntes Aperçu über den Dilettanten, der ›mehr‹

4 Geiger, a. a. O., S. 597.

genieße als der Kenner, erscheint uns angesichts der Tendenz des Kitschigen zu einem anderthalbmaligen Genießen als recht tiefsinnig.)

Damit wären wir schon bei der häufigsten Charakteristik von Kitsch*produkten* angelangt: Kitsch sei *sentimental.* Was mißfällt denn primär am Sentimentalen? Die Auskunft, es sei unechtes Gefühl, nicht edel, überhaupt ein Diminutivgefühl (Nietzsches »Gefühlchen«) u. dgl. m., ist uns zu allgemein und daher auf psychische Sachverhalte anzuwenden, die gar nicht sentimental genannt werden können. Auch die Totalherrschaft des Gefühls im Seelenleben eines Menschen (›Gefühlsmensch‹) ist noch nicht Sentimentalität. (Daß das Wort ›sentimental‹ früher diese letztere Bedeutung hatte oder Schillers berühmte Gegenüberstellung von ›naiv‹ und ›sentimentalisch‹ brauchen wir hier nicht zu berücksichtigen; uns geht es um die Sache, die wir heute mit diesem Worte meinen.) Sachlich übereinstimmendes Synonym von Sentimentalität scheint uns das gute Wort *Rühr-seligkeit* zu sein, also die Bereitschaft und Fähigkeit, sich rühren zu lassen. Der Rührselige hat mit dem Genüßlichen strukturell eine wesentliche Verwandtschaft: Er wird durch seine Rührung gerührt. Gefühle, Affekte, Stimmungen erfüllen ihn nicht ganz, auch haben sie nicht jene »expansiven« Tendenzen (Geiger), die über das fühlende Ich hinausweisen, vielmehr sie werden gleichsam reflexiv genossen. Es ist dies eine Per-version, die dem kitschigen Selbstgenuß fast immer nachgewiesen werden kann. Eine zunächst gar nicht wertend gemeinte ›*Unwahrhaftigkeit*‹ und ›*Unechtheit*‹ der Sentimentalität läßt sich hier schon ausmachen (ähnlich wie wir oben von ›reinem‹ und ›unreinem‹ Genuß gesprochen haben): Die Bereitschaft, sich um jeden Preis rühren zu lassen, führt in concreto dazu, rührende Aspekte auch da zu finden, wo sie gar nicht sind. Ferner dazu, die unterstellten rührenden Qualitäten nun nicht einfach bloß zu fühlen und nichts weiter (entsprechend etwa der primitivsten Kitschigkeit). Nein, die Rührseligkeit geht weiter: Die eigene Rührung, die, wie gesagt, selbst schon induziert war, wird genossen. Vollends ›unwahr‹ wird dieser gesamtzustand dadurch, daß sich dieser Selbstgenuß nun außerdem noch zu einem angeblich ›objektiven‹ Gerührtsein ummünzt. (Besonders Dostojewski hat Kitschmenschen unübertrefflich dargestellt.) Das Ingenium des kitschhaften Auges besteht in der Entdekkung rührender Aspekte sowie in der gleichzeitigen Verschleierung aller gegenteiligen Instanzen. Schon hieraus wird verständlich, daß die Hauptleistungen des Kitsches in der *Entdämonisierung des Lebens* bestehen, und zwar ausgerechtet da, wo jeglicher Augenschein dagegenspricht: Tod, Sexus, Krieg, Schuld, Not, Geburt, Gott usw. Die Jasperschen »Grenzsituationen« der menschlichen Existenz, könnte man sagen, vermag der Kitsch in rührende Idylle zu verwandeln, die angemessen numinosen Schauer (Angst, Ehrfurcht, Andacht, Verzweiflung u. a.) durch annehmliche Gerührtheit zu ersetzen.

Wir ersparen uns ausführliche Dokumentationen, zumal unsere auf ›kulturellen‹ Massenkonsum bedachten Institutionen und Industrien ja nichts anderes tun, als Belege für unsere These zu produzieren. Schwieriger wäre es schon, die wenigen Ausnahmen ausfindig zu machen. Von der happiness als Verfassungsartikel bis zur Gloriole des Kitsches ist der Weg nicht weit.

Die Sentimentalität kann aber auch *umgekehrt* verfahren, indem sie *Idyllen mit denaturierten Insignien (Emblemen, Allegorien) makabrer Grenzsituationen dekoriert.* (Im Jargon der Live-Reportage in Film und Fernsehen: Es sind dies »Türken«, die der zum Abebben tendierenden Genüßlichkeit auf die Beine helfen sollen, ohne jedoch den Genuß aufzuheben, was im Transzendieren geschähe.) Solche denaturierten Dämonica der Kitschwelt leisten das gleiche wie die Idyllisierung der Grenzsituationen, ja, beides ist im Einzelfalle gar nicht zu trennen. Entscheidend kommt es darauf an, daß man sich in einer wohltuenden, homogenen Stimmung ergehen, baden könne. Todesszenen z. B. werden traumhaft aufgelockert und in – sehr voreilige – Schwebe gebracht (Richtung Auferstehung); aber ebensogut kann auch dem in aller Zufriedenheit mit seinem Metier vor sich hinschauenden Selbstporträtisten der musikalische (!) Freund Hein über die Schulter schauen. So schlimm, daß ein die ›Atmosphäre‹ störender Schock einträte, wird es schon nicht werden. Es sei denn, der Schock ginge in Richtung des bloß *Sensationellen*. Dann schadet er nicht, weil die concupiscentia oculorum (mit Augustinus zu sprechen) des Sensationslüsternen ja in der Sphäre des Sentimentalen verbleibt und auf sentimentale

Weise mit dem bloß sensationell Schockierenden gut fertig wird. Die genüßliche Neugier und der Kitschgenuß verbinden sich von der Moritatenebene bis zum epischen Theater aufs glücklichste. Im Grunde handelt es sich anthropologisch um das gleiche Erlebnissubstrat, das im Sensationellen wie auch im Kitschigen aktiviert wird (Beleg: die Sensationspresse und die Illustrierten): Rührseligkeit, die auf ihre Weise quasi-ästhetisch genießen will.

Da sich die Rührseligkeit aber – ähnlich wie Kierkegaards ästhetisches Stadium – auf allen Ebenen einstellen kann, ist auch der Kunstgenuß niemals davor gefeit. Dennoch erscheint uns die berühmte Formel von Lipps, ästhetischer Genuß sei »objektivierter Selbstgenuß«, sehr bedenklich. Ja, wir sind versucht zu sagen, sobald Kunstgenuß zum objektivierten Selbstgenuß wird, verringert sich die Fernstellung des Kunstwerks und vergrößert sich die Gefahr, *Kitsch auf höherer Ebene* mit Kunst zu verwechseln. Denn wie wir gesehen haben, ist Kitsch objektivierter Selbstgenuß bzw. an Kitschobjekten mobilisierter (aktivierter) Selbstgenuß.

Eine anthropologische Analyse des selbstgenießerischen, weinerlichen Sentimentalen könnte die Kitsch-Affinität des Weinerlichen überhaupt gut bestätigen. Dabei wäre es zunächst gleichgültig, ob wir von den Objektivationen (weinerlichen Kitschprodukten, Gestalten, Szenen) sprächen oder vom weinerlichen Erleben selbst. Die ›Einsfühlung‹, zu welcher der Kitschige in so hohem Maße neigt, läßt die Subjekt-Objekt-Beziehung im kitschigen Zustand ohnehin als so osmotisch erscheinen, daß wir hieraus weitere Strukturmerkmale des Kitsches bzw. Kitschgenusses herleiten dürfen. Vor allem seine *Penetranz und Klebrigkeit*. Die distanzierende ›Herbheit‹, ›Kühle‹, ›Hoheit‹, überhaupt schwere Zugänglichkeit von Kunstwerken ist oft genug gerühmt bzw. beklagt worden. In solchen Wendungen werden spezifische Erlebnisstrukturen objektiviert. Wir könnten es auch so sagen: Besondere Freiheitsakte, durch die sich der Erlebende (Künstler wie Publikum) zu transzendieren vermag, sind Voraussetzung zur adäquaten Erfassung des Kunstwerks. Diese zu leistende Fernstellung (deren Untersuchung hier nicht unsere Aufgabe ist) entfällt bequemerweise beim Kitschgenuß. (Man beachte auch hierbei, wie wenig ›technisch bedingt‹ Kitsch ist: Die Bequemlichkeit, von der wir sprechen, ist nicht

Nachlässigkeit oder Unvermögen im Technischen!) Die Penetranz des Kitsches ist eben auf den spezifischen Sog der Subjekt und Objekt vermanschenden Genüßlichkeit selbst zurückzuführen. Es ist dies ein Sog, den wir auch sonst kennen, etwa als die Auf-(besser wäre: Ein-)dringlichkeit ›penetranter Menschen‹: nörgelnder Querulanten, zum Gesang in jeder Lebenslage ermunternder Kompaniechefs (schon »Johann, der muntere Seifensieder«), die Diktatur Angeheiterter, welche ihre Stimmung auf ihre Mitwelt übertragen usw. Doch selbst die moderne nihilistische nausée, die kokett sich selbst genießt, ist penetrant, z. B. Samuel Becketts Hamm aus dem »Endspiel«: »(gähnend und hustend) Also ich bin wieder dran... Kann es überhaupt... (gähnt)... ein Elend geben, das... erhabener ist als meines?... Wahrscheinlich. Früher. Aber heute? (Pause) Meine Mutter? (Pause) Mein... Hund? (Pause). Oh, ich kann mir wohl denken, daß sie soviel leiden, wie solche Menschen leiden können. Soll das aber heißen, daß unsere Leiden gleichwertig sind? Wahrscheinlich. (Pause) Nein, alles ist... (er gähnt)... absolut, (stolz) je größer man ist, um so voller ist man. (Pause, trübsinnig) Umso leerer... Ich bin allein. (Leise Musik) Welche Träume!... Diese Wälder...[5]« Becketts hohe Künstlerschaft jedoch transzendiert diesen qualligen, penetranten Zustand schon dadurch, daß der Autor ihn zu einer (schon durch den ganz anders gearteten Diener Clov) neutralisierten Funktion innerhalb des Stückganzen werden läßt.

Das Kitschige nun ist als Erleben bzw. dessen Anlaß oder Niederschlag deswegen penetrant, weil uns der expansive Anspruch der genüßlichen Ich/Welt- (oder Subjekt/Objekt-)Vermanschung selbst bei Widerstandsreaktion nicht recht loslassen will. *Klebrigkeit* drückt solches Adhärieren eines fremden und uns doch gleichwohl möglichen kitschigen Zustandes gut aus: die Haut-(Leib-)Nähe des Genüßlichen, seine (wie Mediziner zu sagen pflegen) Gewebefreundlichkeit, die Fusion der Welt mit mir (Sartre), in unserem Falle: die Fusion einer kitschigen Welt mit mir. Nicht frei, mir das Fremde abzustreifen, ertrage ich es, oder ich schürfe meine Haut ab, indem ich es abkratze. (Um in der Sprache unseres Bildes zu

5 Samuel Beckett, »Endspiel«, Hörspielfassung, 1. Szene.

bleiben, das freilich mehr als ein Bild sein will[6]: Das Klebrige ist nicht abwaschbar.) Die an klebrigen Dingen beobachteten paradoxen Eigenschaften (weder flüssig wie davonlaufendes Wasser noch fest wie die beruhigend trägen soliden Gegenstände, einerseits passiv, weich, folgsam, jedem Druck nachgiebig, andererseits, wie Sartre in seiner »Psychoanalyse der Dinge« sehr schön gezeigt hat, mich besitzend gerade in dem Augenblick, da ich es zu besitzen glaube) – diese Eigenschaften des klebrigen Dinges entsprechen der Bewußtseinsverfassung des Kitschigen. Es handelt sich nicht bloß um die angewiderte Reaktion des vom Kitschgegenstand abgestoßenen Kunstfreundes, die sich in den Worten ausspricht: »Ich empfinde Kitsch als widerlich klebrig«, sondern die klebrige Struktur des Kitsches wird auch im Kitschgenuß selbst – allerdings bejahend – erfahren. Im Klebrigen symbolisiert sich ein Zustand des menschlichen Daseins, den wir *genüßliche Seinserfahrung* nennen könnten. (Sartre würde in seiner Ontologie vermutlich das Kitschige als eine Modifikation der Begierde begreifen.) Noch am Verhalten des Kitschigen läßt sich diese Bejahung der Klebrigkeit des Kitsches aufzeigen: die fast laszive Lässigkeit, die »Getrübtheit des Bewußtseins« (Sartre), am verschleierten, umflorten Blick ablesbar, die süßliche Nachgiebigkeit des zustimmenden Lächelns. (Man vergleiche das bereits zum Lächeln Gesagte: Lächeln als leichteste mimische Bewegungsform, dem Säugling schon, dem Toten noch möglich.) Die Klebrigkeit ist also mehr als eine Metapher, wie ich ja schon den klebrigen Händedruck durchaus nicht bloß als widerliche Anhänglichkeit mitmenschlicher Fleischstücke empfinde, sondern als Enthüllung eines klebrigen Ganzen, eines Vis-à-vis, das mich nötigt, die Welt nicht allein mit seinen Augen, sondern mit seiner Haut, seinen schweißigen Poren zu erleben.

Sartre drückt diese kosmische Expansionstendenz des Klebrigen so aus: »Ce qui revient à nous alors, comme une qualité objective, est une nature neuve qui n'est ni matérielle (et physique), ni psychique, mais qui transcende l'opposition du psychique et du physique, en se découvrant à nous comme l'expression ontologique du monde tout entier, c'est-à-dire qui s'offre comme rubrique pour classer

6 Jean-Paul Sartre, »L'Etre et le Néant«, Paris 1943, bes. S. 695 ff.

tous les ceci du monde... Tant que dure le contact avec le visqueux, tout se passe pour nous comme si la viscosité était le sens du monde tout entier, c'est-à-dire l'unique mode d'être de l'être-en-soi, à la façon dont pour les primitifs du clan du lézard, tous les objets sont lézards.[7]« In der Tat, im kleinsten Weltding Kitsch kann eine Macht verborgen sein, die das gesamte Weltverhältnis verwandelt (verklebt, versüßt, verniedlicht, ›herzig‹ macht usw.), so wie den Faust in einer kleinen Gefängniszelle »der Menschheit ganzer Jammer« anfaßt. (In gewisser Hinsicht war »Lilli Marlen« stärker als Nationalhymnen und -flaggen: eine kleine ›Oase des Glücks«, respektiert von allen Kombattanten, zu einer Zeit, da Wagner verboten war.) In diesem Sinne kann man auch von der Weltmacht Kitsch sprechen.

Die geradezu kosmische Ausweitung kitschiger Zustände wird uns begreiflicher, wenn wir die spezifisch *kitschigen Stimmungen* ausfindig machen können. (Die von Schiller sehr subtil analysierten »freien« Stimmungen und »Zustände[8]« der Kunst machen deren – so mißverständliche! – »Heiterkeit« aus; diese ist aber nicht unser Thema.) – Stimmungen sind nach Heidegger – ob kitschig oder nicht – immer schon umgreifende, Ich und Welt bestimmende (färbende, tönende, atmosphärisch durchdringende) Weisen unseres In-der-Welt-Seins. Die längst beobachtete Stimmungsbetontheit des Kitsches bzw. seines Genusses ist daher differenzierter zu charakterisieren. Auch die scheinbar präzisere Kennzeichnung, es handle sich hier um ›unechte‹, ›unwahre‹ Stimmungen, ist ungenügend, wenn Heideggers phänomenologische Beobachtung zutrifft, daß Stimmungen immer ambivalent seien, also immer zugleich

7 Sartre, a. a. O., S. 698: »Was dann auf uns zukommt als objektive Qualität, das ist eine neue Natur, die weder materiell (und physisch) noch psychisch ist, die jedoch den Gegensatz von psychisch und physisch transzendiert, indem sie sich uns als der ontologische Ausdruck der ganzen Welt enthüllt, d. h., sie bietet sich als eine Rubrik zur Klassifikation aller Dies-da (ceci) an... Solange die Berührung mit dem Klebrigen dauert, geschieht für uns alles so als ob die Klebrigkeit der Sinn der ganzen Welt wäre, d. h. die einzige Seinsweise des Ansichseins, so wie für die Eingeborenen vom Clan der Eidechse alle Dinge Eidechsen sind.«

8 Schiller im Aufsatz »Über die tragische Kunst« sowie in den »Briefen über die ästhetische Erziehung des Menschen«, bes. Brief. 15,18ff., vgl. auch den Prolog zum Wallenstein.

enthüllen und verdecken: »Die ›bloße Stimmung‹ erschließt das Da ursprünglicher, sie verschließt es aber auch entsprechend hartnäkkiger als jedes Nicht-wahrnehmen.[9]«

Haben also nicht *Stimmungen* selbst schon etwas *Suspektes*?

Die Stimmungen sind in der Geistesgeschichte erst spät philosophisch ernstgenommen worden, da man ihren erschließenden Charakter weniger wichtig fand als ihre verhüllenden Tendenzen. Sind sie nicht das flüchtigste (Launen), unberechenbarste (Kaprizen), vagste (»irgendwie« ist einem zumute) Zustandsgefühl? Mag die gestimmte Seele auch noch so sehr vom Fluidum der Stimmung getragen sein, sich und die Welt gleichmäßig getönt als ein Stimmungsganzes erleben[10], dieser Zustand ist stets von einer Gegenstimmung, Verstimmung, ja Entstimmung in grauer Langeweile bedroht, so daß sich der immer schon so oder so Gestimmte mit einem (einklammernden) Mißtrauen, also einem (mehr oder weniger starken und bewußten) Risikogefühl einer Stimmung anheimgibt, überläßt u. dgl. m. Mögen wir also immer schon gestimmt sein – Stimmungen tragen uns nicht bloß, sie sind gleichzeitig ein Bann, der uns und unsere Welt bestimmt; besonders die ›reinen‹, ›satten‹ Stimmungen können uns – sogar quer zu aller Beseligung – geradezu bedrücken und uns den »Lastcharakter des Daseins« (Heidegger) enthüllen. Die ›objektive‹ Stimmungsdifferenz des Theoretikers und Praktikers will das beständige, bleibende Wirkliche ergreifen, höchst mißtrauisch gegen die ›subjektive‹ Färbung durch Stimmungen. (Wir fragen hier nicht, ob das gelingen kann oder ob es sich hier vielleicht um eine bloße Verabsolutierung der Verstimmtheit oder der schlechten Laune handele, wie Nietzsche gelegentlich vermutet[11].) Jedenfalls sind wir als Wollende und Erkennende nicht bloß gestimmt, sondern bereit, gegen den Bann der jeweiligen Gestimmtheit aufzubegehren.

Wichtiger aber in unserem Zusammenhang ist ein weiterer Verdacht gegen die Stimmungen: nämlich ihre *willkürliche Erzeugung*.

9 Martin Heidegger, »Sein und Zeit«, 6. Aufl., Tübingen 1949, S. 136.
10 Otto Friedrich Bollnow, »Das Wesen der Stimmungen«, Frankfurt a. M. 1942. – Vgl. auch Philipp Lersch, »Der Aufbau des Charakters«, 1938, bes. S. 43 ff. über Angst und Stimmungen.
11 Vgl. Heidegger, a. a. O., S. 136 f.

Gewiß gilt zunächst Heideggers Satz: »Die Stimmung überfällt. Sie kommt weder von ›außen‹ noch von ›innen‹, sondern steigt als Weise des In-der-Welt-seins aus diesem selbst auf.«[12] Soweit waren wir bisher gekommen, wir berücksichtigten die hierbei schon möglichen Reserven gegenüber der Gestimmtheit. Allein, jetzt wird ein weiterer Faktor relevant: Stimmungen überfallen nicht bloß, sie können willkürlich erzeugt werden. Das heißt nicht mehr und nicht weniger, als daß es möglich ist, eine so totale, umgreifende Zuständlichkeit, wie es eine Stimmung darstellt, die mein Erleben und meine Welt durchgängig bestimmt, ad libitum innerweltlich zu fabrizieren (Drogen, Weihrauch, Haschich, Meskalin, Alkohol usw.). Also nicht bloß fataler Überfall, Aufsteigen aus dem In-der-Welt-Sein selbst, sondern manipulierbares, zu verfertigendes, ja für Geld käufliches Stimulans bzw. Narkotikum. Es ist dies ein ontologisches Skandalon, das kulturungeübten Kindern und den großen Verdächtigern der Kunst (von Plato bis Tolstoi) gleichermaßen gegenwärtig ist. (Zumeist hat man sich daran gewöhnt; Bildung und Erziehung, insbesondere ästhetische, gewöhnen systematisch an induzierte Stimmungen.)

Die anthropologisch so fruchtbare Sicht vom Menschen als Triebverdränger (Freud, Scheler u. a.) wäre leicht zu ergänzen: Der Mensch ist auch *Stimmungsverdränger*. Allein, dialektisch wie alle Freiheitsleistungen nun einmal sind, ist die Souveränität des Verdrängen-Könnens nur die eine Seite. Anthropologisch ebenso relevant ist die andere: Der Verdränger vermag sich ad libitum Surrogate zu schaffen und diese zu handhaben, z. B. lassen sich durch Aperitifs künstlich Hungergefühle wecken, durch aphrodisische Stimulation sexuelle Regungen u. dgl. m. Zur Freiheit – dieses Wort zunächst ganz unmetaphysisch verstanden – gehört also nicht bloß die Fähigkeit zur Askese, sondern ebenso auch die Lüsternheit. Diese ist ja deswegen so verantwortlich, weil sie ein freiwilliges In-Unfreiheit-Zurücksinken vorstellt (»sich gehenlassen«). Goutiert wird – wie wir dies bereits im Falle der Genüßlichkeit festgestellt haben – die Schwebe der Freiheit.

12 Ebd., S. 136.

Analog zu den Triebsurrogaten lassen sich die *induzierten Stimmungen* begreifen. Kitsch nun hat hauptsächlich die Aufgabe, Stimmungen zu erzeugen. Es ist sehr aufschlußreich, daß Kitsch so oft gerade solchen Menschen zur Domäne seelischer Erholung wird, die normalerweise nüchterne Stimmungsverdränger sind (»Saure Wochen, frohe Feste...«) bzw. denen »der ungestörte Gleichmut ebenso wie der gehemmte Mißmut des alltäglichen Besorgens« (Heidegger[13]) doch der verläßlichste Daseinshabitus sind. Also ist die Selbstpreisgabe an Stimmung hier am wenigsten ein Überfall oder unvorhersehbares Aufsteigen aus dem In-der-Welt-Sein selbst. Mag die Faszination (in Sartres Terminologie besser: Verklebung) in der kitschigen Gestimmtheit nach außen hin auch als totale Verwandlung des Ich-Welt-Bezuges wirken (vgl. Beobachtungen am Kinopublikum nach dem Genuß eines deutschen Heimatfilms), so lassen sich doch die spezifischen Grenzen des induzierten kitschigen Stimmungsgenusses aufzeigen. Stimmung ist nämlich hier nur scheinbar ein echt »kosmopathischer Bezug« (Keyserling[14]); tatsächlich handelt es sich um *Stimmungslüsternheit*. Das heißt: rühr-selig wird die induzierte Stimmung als Atmosphäre des Selbstgenusses genossen. Die Kompaktheit unserer Formel möchte vor allem das verwirrende Ineinander von Erlebnisstrukturen vergegenwärtigen, das dem kitschigen Zustand eigentümlich ist. Echte, also wirklich ›überfallende‹ Stimmungen sind strukturell wesentlich klarer, obschon sie freilich – sekundär – ebenfalls zu Kitschstimmungen degenerieren können. Echte Stimmungen wären in Analogie zum puren Genuß frei von ›reflexiven‹ Gefühlen: Mir ist schlechthin zumute und nichts weiter, dieses Zumutesein erfüllt mich total, bestimmt auf pauschalste Weise mein ganzes Erleben, solange es nur dauert. Nicht so die Kitschstimmung: Schon absichtlich induziert, wird sie noch während ihres Abklingens sozusagen gelutscht.

Aber dies ist nicht alles: Auch sind diejenigen Stimmungen, die man sich aus zweiter Hand zuführt, bereits zurechtgestutzte, verkürzte, also *diminutive Stimmungen*, die im Kitschigen gesucht bzw.

13 Ebd., S. 134.
14 Im Sprachgebrauch Graf Hermann Keyserlings, z. B. in den »Südamerikanischen Meditationen«, 1932.

gefunden werden. Das ist nicht weiter erstaunlich, wenn wir berücksichtigen, daß die kitschige Stimmung ja dem Genüßlichen entgegenkommen soll als die ihm angemessenste Atmosphäre. Demnach dominiert das – schon im puren Genuß konstitutive – Moment des Privaten, Intimen, Isolierten. Sogar Kosmisch-Weitem (See, Wüste, Hochgebirge, Himmelszelt; Chor, großem Orchester, Meeres- oder Frühlingsrauschen, hallenden Naturlauten) wird diese private, wir möchten sagen mikrokosmische Winkelstellung (Glück im Winkel) abgewonnen. Das kann durch ein kitschiges Detail geleistet werden: Schon das Wort Himmelszelt vermag Unwahrscheinliches an Ent-fernung der Stimmung, also Verniedlichung zu bewirken!

Man lasse sich durch den *Exotismus des Kitsches* nicht täuschen: Es verhält sich damit nämlich meist anders als mit den erwähnten Grenzsituationen und deren Idyllisierung im Kitsch. Der scheinbar kosmische Zug im Exotischen ist nur Oberfläche; die Fremde wird entweder idyllisch in die Hausmacherstimmung eingemeindet (Süden, Insel, Berge) oder durch sentimentale Sehnsuchtsfäden, die ein einsames Herz spinnt, mit heimatlichem Herd, Försterhaus, Braut, Dorfkirchlein usw. eng verknüpft, so daß die Stimmung gewiß nicht allzu weit ausschwingt. Das Ferne, Fremde, Weite ist ein besonders willkommenes Milieu, ohne Meer keine Insel und ohne Wüste keine Oase. Dies ist die emotionale Logik des kitschigen Herzens, das sich das Exotische um keinen Preis entgehen lassen mag – und sei es nur ein italienisches Wort.

Eine wahre Fundgrube für das Ingenium des Kitsches, auch noch dem Transzendentesten – Gott, dem Heiligen – statt mit numinosem Schauer (R. Otto) mit anbiedernder Sentimentalität zu begegnen, liefert der religiöse Kitsch.[15] Gott, der ganz Andere, wird zum ›lieben Gott‹, zum ›süßen‹ oder ›herzigen Jesulein‹; die Engel (»jeder Engel ist schrecklich«, sagte Rilke), die im Neuen Testament als Abgesandte Gottes den Menschen fast stereotyp mit dem tröstlichen »Fürchtet euch nicht« begegnen, werden zu hübschen Hermaphroditen oder gar zu Amoretten und Putten. (Auch die darstellende Kunst hat diesen Tendenzen oft genug Vorschub geleistet.[15])

15 Zahlreiche Belege bei Egenter, a. a. O.

Allein, es gibt auch einen *Exotismus der Zeit* und nicht nur des Raumes. Besonders die Erinnerung mit ihrem homogenisierenden Fernblau begünstigt induzierte Stimmungen außerordentlich (»Es war einmal…«, »Schön war die Zeit«, »Ein Märchen aus uralten Zeiten« usw.) Treffend hat Goethe den Zusammenhang von romantischer Stimmung und Vergangenheit charakterisiert: »Das sogenannte Romantische einer Gegend ist ein stilles Gefühl des Erhabenen unter der Form der Vergangenheit, oder was gleich lautet, der Einsamkeit, Abwesenheit, Abgeschiedenheit.« Gegenüber der hastenden, flüchtigen Gegenwart, die einer atmosphärischen Seßhaftigkeit nur selten die nötige Ruhe gibt, ist die Erlebnisform der Vergangenheit (Vergangenheit als ungestörtes Gewesensein) bereits von einer Aura oder Patina umhüllt, die eine zeitliche Panoramastimmung genannt werden kann.

Es gilt nun zu zeigen, in welcher Weise sich der Kitsch dieser »Form der Vergangenheit« als »Einsamkeit, Abwesenheit, Abgeschiedenheit« bedient.

Die *Erlebnisaura des Vergangenen* kommt dem *genüßlichen Stimmungsbedürfnis* mehrfach entgegen: Die er-innerten Gegenständlichkeiten erscheinen gleichsam fixiert, zu Bildern kondensiert; der Film des Erlebens rollt nicht ab, sondern die relativ unbewegliche Szene erhält ein Übergewicht, das sie im alltäglichen Gegenwartserleben nur selten besitzt. Die Zeitlichkeit mit ihrem reißenden Sog, der alles Gegenwärtige sofort in ein Gewesensein zurückweist (ein hektisches im-perfectum ist unser Erleben des Gegenwärtigen), ist nämlich dem nunc stans der Stimmungen denkbar ungünstig. Mit einem Schlag jedoch verändert sich unser gesamter Erlebniszustand, sobald wir Vergangenheit ver-gegenwärtigen, d. h. uns erinnern. Der Strom der Zeitlichkeit wird aufgehalten, der Erlebende ›weilt‹ im ›Lande der Vergangenheit‹, Erlebnisinseln tauchen auf, sie alle mit einer spezifischen Stimmungsaura umgeben: Der Genuß kann beginnen. Nun verschleiert sich der unstete, wachsam lauernde Blick; Mißmut, Sorge, Angst weichen mehr und mehr einer Geborgenheit im Gewesenen. Eine solche erinnerungssatte Stimmung braucht an sich noch keineswegs kitschig zu sein, als transitorische Phase ist sie auch in der Begegnung mit dem Kunstwerk gegenwärtig. Ja, die »Erinnerungslust« (Freud, K. Groos[16]) ist sogar noch in den theoretischen Akten des Wiedererkennens zur Stelle. Im Bereich des Kitschigen jedoch geschieht ein übriges: Die Vergangenheitsaura darf um keinen Preis bloß transitorische Erlebnisform sein, sie wird Selbstzweck und als solcher genossen, und zwar mit allen Symptomen der Genüßlichkeit. Ein Zustand stellt sich ein, der uns bereits bei dem merkwürdig getrübten, klebrigen Bewußtsein des Sentimentalen begegnete. Dösendes Brüten, das sich selbst genug ist, kennzeichnet diese seelische Verfassung. Aus dem Strome der Zeitlichkeit mit geringstem Einsatz (nämlich bloß mit der erinnernden Rückwendung) ausscherend, ergibt sich der Kitschige, einsam, abwesend, abgeschieden, der Panoramastimmung des Gewesenen. Überempfindlich gegen Störungen seiner Immanenz (wie Spielende gegen den Spielverderber, vgl. Anhang), ergeht er sich nun in der splendid isolation seiner gewesenen Welt und vergewissert sich ihrer durch künstliche stimmungsverstärkende Details, die in ihrer Anhäufung, ihrer symbolischen Unausweichlichkeit wie wachsame Gartenzwerge seinen Erinnerungshain vor Wirklichkeitseinbrüchen, zumal vor der stimmungsfeindlichen Zeitlichkeit schützen sollen. Die Einheit von Kitschgenuß und Kitschprodukten ist hier besonders evident. Schon die kitschige Stimmung des ›tempi passati‹-Dösens ist Kitsch-schöpferisch.

Allein, gerade die kitschigen Details, die Anhäufig von Symbolen, Allegorien, Metaphern usw. verrät eine Unsicherheit des Kitschigen: Sie sind nämlich allesamt Sicherheitsmaßnahmen des um seine Hinfälligkeit besorgten Genusses. Der Kitschige ahnt etwas von der Unwahrhaftigkeit seines Zustandes. Überempfindlich und unsicher, verrät sich der Kitschige gerade durch sein liebevolles Detail, das eigentlich überflüssig ist, sowie durch einen weiteren, mehr technischen Trick, auf den wir hier näher eingehen wollen. Gemeint ist die allzu willkürliche Bereitstellung von Synästhesien. Man muß vor allem den *Zusammenhang von Stimmung und Synästhesie* ins Auge fassen, um die Kitschtechnik als eine Übertreibung des Synästhesieprinzips verstehen zu können.

16 Vgl. Sigmund Freud, »Der Witz«, 2. Aufl. 1912, S. 103f.; s. auch Groos, »Die Spiele des Menschen«, 1899, S. 153.

Erstaunlicherweise gibt es heute ausgezeichnete und gründliche Arbeiten sowohl über die Stimmungen wie auch über die Synästhesien, leider jedoch kaum mehr als bloße Andeutungen über den Zusammenhang beider. Gerade die Analyse des Kitsches jedoch verweist auf den engen Zusammenhang zwischen beiden Problembereichen. Die Praxis der Kitschindustrien lebt indes längst von diesem Wissen.

Heideggers so folgenreiche Einsicht in den Aufschlußcharakter der Stimmungen kann auch weniger prinzipiell – und damit zugegebenermaßen einseitiger, anthropologischer – ernstgenommen werden. Wir meinen den sehr merkwürdigen Sachverhalt, daß im gestimmten Menschen die »Einheit der Sinne« (Plessner[17]) in höherem Maße aktiviert wird als im Zustand der Ungestimmtheit, der Langeweile, des Mißmutes usw. Die Stimmungen, so könnte man sagen, schaffen Querverbindungen, Transparenzen, zwischen verschiedenen Sinnesbereichen. (Außer dem Terminus Synästhesie kennen wir in der einschlägigen Literatur die Synonyme »Akkordanzen«, »intermodale Sinnesqualitäten«, »elementare Ähnlichkeiten« u. a. m.) Stimmungen nun disponieren zu Synästhesien. Die besonders von Bollnow[18] gewürdigte schöpferische Leistung der Stimmungen scheint uns vor allem darin zu liegen, daß der Gestimmte sozusagen quer durch die einzelnen Sinnesbereiche hindurch ›disponiert‹ wird. Etymologisch gesprochen: Die dispositio animi (griechisch: diathesis tes psyches) ist ästhesiologisch betrachtet eine strukturelle, mehr oder weniger durchgreifende Übereinstimmung der Sinnessphären. Um es konkret zu sagen: Optische Wahrnehmungen werden akustisch erlebt und umgekehrt. Ein Beispiel wäre etwa die Aussage von Frau Rat Goethe (über Bettina Brentano): »Deine Augen, Mädchen, sind braun wie ein Celloton.« Oder Hugo Wolfs Synästhesie: Es-Dur als rotbraun, z. B. in »Auf einer Wanderung« (»... in den Straßen liegt roter Abendschein«).[19] Aber auch andere Querverbindungen sind möglich, beispielsweise akustisch-taktile, etwa Kitzel, Klingeln, Triller usw. Triller verbin-

17 Plessner, »Die Einheit der Sinne«.
18 Bollnov, a. a. O.
19 Vgl. auch Révész' tonpsychologische Untersuchungen.

det sich übrigens optisch sehr gut mit Glitzern und Flimmern (man beachte auch die Synästhesie im Phonetischen dieser Wörter selbst). E. R. Jaensch sprach geradezu vom psychologischen Typus des »Synästhetikers« (»S-Typus«). Wir sagten, in der Stimmung (besonders der satten) werden wir zu Synästhesien angeregt, mit dem Ergebnis, daß eine Homogenisierung unseres Erlebens stattfindet. Die in grauer Alltäglichkeit opaken (heterogenen) Wahrnehmungsgegenstände werden transparent. Die Gleichnissprache der Dichter ist eine unerschöpfliche Fundgrube für Synästhesien. Man denke nur an die Zarathustra-Stimmung[20]: »Hier aber bist du bei dir zu Heim und Hause... Hier kommen alle Dinge liebkosend zu deiner Rede und schmeicheln dir: denn sie wollen auf deinem Rücken reiten. Auf jedem Gleichnis reitest du hier zu jeder Wahrheit...« Es ist als ob unsere homogenisierte Welt, optisch gesprochen, transparent würde, akustisch gesprochen eine Resonanz, Hall, bekäme. (Man vergleiche hierzu auch das Nietzsche-Zitat über die Inspiration in Kapitel I.[21]) Daß die Dinge für den Gestimmten ›sprechend‹ werden, läßt sich zunächst psychologisch als Bereitschaft für Synästhesien aller Art namhaft machen, noch bevor man von den schöpferischen Leistungen (also wesentlich komplexeren Sachverhalten) spricht.

So interessant dieses Gebiet anthropologisch-psychologischer Zusammenhänge von Stimmung und Synästhesien auch ist, in unserem Problembereich ist die willkürliche Bereitstellung von *Synästhesien zur Erzeugung von Stimmungen* wichtiger. Tatsächlich disponieren nämlich nicht nur Stimmungen zu synästhetischen Erlebnissen, sondern es gilt auch umgekehrt, daß wir durch Synästhesien in spezifische Stimmungen versetzt werden, wobei diese Stimmungen dann ihrerseits wieder synästhetische Erlebnisse begünstigen. Die konsequenteste Durchführung dieses Prinzips wäre das Gesamtkunstwerk, wie es etwa Richard Wagner vorschwebte; die synästhetischen Entsprechungen von Wort, Bild, Ton, Schauspiel, also Pantomime im weitesten Sinne des Wortes, bewirken die intensivste Stimmungsfaszination. Besonders von der *akustischen* Er-

20 Nietzsche, »Also sprach Zarathustra«, Kröner-Ausgabe, S. 203.
21 Vgl. Giesz, »Nietzsche«, S. 68–87, 132ff.

lebnissphäre aus (schon das Wort Stimmung weist darauf hin) lassen sich starke Stimmungen induzieren; die Sonderstellung der Musik in Schopenhauers Ästhetik sowie die Klage Kants über die mangelnde Urbanität der Musik[22] beruhen auf dieser Tatsache. Das Ohr, dieses »Organ der Nacht« und der Furcht (Nietzsche), das »in vieler Hinsicht ›archaischer‹ ist als der alert auf die Dingwelt eingeschworene Gesichtssin« (Adorno[23]), gibt uns schon in der Welt des Lärmens und der sprachlichen Mitteilungen (Ruf, Rede usw.) heftigere und persönlicher treffende Botschaften von der Umwelt als das Auge, das distanzierter Dinge erfaßt, sich leichter abwendet vom Störenden, umsichtiger spähen kann u. a. m. So hat auch der strukturierte Hörraum, im Gegensatz zur Welt des Lärmens und der Geräusche (wo »kein Hören heil ist«, wie Rilke sagte), einen unmittelbar wohltuenderen Reiz als optische Ordnungen (Homogenität bzw. Harmonie der Farben und Helligkeitsgrade). Die musikalische Ordnung unseres Hörraumes, ja schon das gleichmäßige Geräusch (Plätschern, Rauschen, Summen u. ä.) oder selbst die Stille, schaffen vom Akustischen her Ausnahmezustände, die mit erhöhter Bereitschaft auf andere Sinnessphären strukturell, analog ordnend, übergreifen und ›Gestalten‹ (im Sinne der Gestaltspsychologie) verwandter Art ›schauen‹ (im Sinne Klages') lassen. Die synästhetisch umgreifende Wirkung der Musik wird denn auch seit Menschengedenken erfahren und praktiziert. Der unseres Wissens konsequenteste, weil synästhetisch ausgeklügeltste Versuch wurde von Walt *Disney* in seinem Experimentalfilm *»Fantasia«* unternommen.[24] Es handelt sich um eine synästhetische Interpretation von sehr verschiedenartigen Musikstücken: J. S. Bachs Toccata und Fuge d-Moll, Ponchiellis »Stundentanz« aus »La Gioconda«, ein

22 Kant, »Kritik der Urteilskraft«. Die Ausgabe A enthält die Stelle über die Musik-Penetranz nicht, auch nicht die Fußnote zu § 53: »Diejenigen, welche zu den häuslichen Andachtsübungen auch das Singen geistlicher Lieder empfohlen haben, beachteten nicht, daß sie dem Publikum durch eine solche lärmende (eben dadurch gemeiniglich pharisäische) Andacht eine große Beschwer auflegen, indem sie die Nachbarschaft entweder mitzusingen oder ihr Gedankengeschäft niederzulegen nötigen.«

23 Theodor W. Adorno, »Prolog zum Fernsehen«, in: »Rundfunk und Fernsehen« 1953, Heft 2, S. 5.

24 R. D. Field, »The Art of Walt Disney«, New York 1942, bes. S. 97 ff.

Satz aus Beethovens Pastoralsymphonie, Mussorgskis »Nacht auf dem kahlen Berge«, Dukas' »Zauberlehrling« u. a. Disneys Experiment beruht auf exaktester Zuordnung von Ton, Farbe, Zeichnung, Wort usw., wobei der synästhetische Gesamtentwurf (exposure sheet) synoptisch jedem einzelnen der 24-Sek-Bilder isoliert die verschiedenen synästhetischen Analoga zuwies. Zahlreiche Mitarbeiter der einzelnen departments (action, dialogue, effects, music, animation, extras, camera) führten die Details ihrer Sparte aus, worauf dann die weiteren Koordinationen durch story-department, music-room, color model-department (Integration der einzelnen Figurenfarben in die Gesamtfärbung der Szene) durchgeführt wurden, mit dem Endziel der atmosphere, was Aufgabe insbesondere der background men war.

Es ist wichtig, die rein technische Seite dieses wohl extremsten Versuchs in Richtung auf ein Gesamtkunstwerk zu berücksichtigen, da wir nach dem künstlerischen Mißerfolg dieses so dankenswerten – und äußerst kostspieligen! – Experiments wohl kaum mit einer Wiederholung rechnen dürfen. Rhythmus, Tonarten (natürlich Beethovens Pastorale in F-Dur = grün), Bewegungen, Texte, Bildschnitt usw. waren so präzise aufeinander abgestimmt, daß die Wirkung auf den Hörer-Zuschauer eigentlich totale Faszination hätte sein müssen. Tatsächlich aber wandte sich selbst der primitivste Geschmack, das größte Kitschbedürfnis von diesem Monumentalkitsch ab: Die synästhetische Kleinstarbeit hatte dazu geführt, daß das Ergebnis geradezu peinlich süßlich, klebrig, widerlich parfümiert wirkte. Wir könnten es auch so formulieren: Disneys Synästhesieren hatte die erträgliche Grenze weit überschritten.

Unser Exkurs legt die Auffassung nahe, daß es eine Art *synästhetischer Übersättigung* gibt und daß der Kitsch vor allem in dieser Beziehung hemmungslos wird. Schon auf dieser elementar-ästhetischen Ebene und nicht erst auf der Höhe künstlerischer Wertungen läßt sich das Ungenügen am Kitsch erklären. Die Neigung zum Überladenen, die man dem Kitsch mit Recht oft nachgesagt hat, ist daher genauer zu bestimmen; mit Dingen überladen sind zumeist auch die künstlerisch so reizvollen Bilder der sogenannten Sonntagsmaler, von dem älteren Brueghel ganz zu schweigen. Aber viel wichtiger als die Überladung mit Gegenständen scheint uns die synästhetische Übersättigung zu sein, die übrigens auch vor Kunstwerken nicht haltzumachen braucht. (Der ›schöne‹ Mozart, bei Kerzenlicht und entsprechender Blumendekoration, aus »sinnigem Anlaß‹ vorgetragen.) Es entspricht dem primitiven Genußbedürfnis (s. Kapitel III), nicht genug bekommen zu können, also die Prallheit, Üppigkeit, Genußdauer und -ungestörtheit zu einem Maximum zu steigern; da es sich aber beim Kitschigen nicht mehr um reinen Genuß handelt, sondern um (genüßliches) Genießen des Genießens, bleibt der derart Genießende nicht vollständig in die Immanenz des puren Genusses gebannt, sondern tut sein Übriges: Nicht nur das Auge soll trinken, was die Wimper hält, auch der Ohrenschmaus soll laben, und die leibnahen Sinne (mit allen Poren, sich baden, schmecken, auf der Zunge zergehen lassen, schlürfen, wie Schlagsahne usw.) sollen ›mit jeder Faser‹ mitmachen. Solchem Bedürfnis entsprechen die – allerdings nur bis zu einem gewissen Grade – stimmungssteigernden Synästhesien. Sie sollen der Kitschwelt zur äußersten Dichte verhelfen. Daher die überzähligen gegenständlichen Zutaten, zumal solche, die ihrerseits ebenfalls die Welt des Genüßlichen repräsentieren. Es werden deshalb nicht bloß appetitliche, also zum Genuß einladende Objekte dargestellt, vielmehr sind diese Objekte selbst ihrerseits schon genüßlich. Die lasziv hingelagerte büßende Magdalena, die ihre Reue in wohliger Zerknirschung genießt. Das attraktive Mädchen mit dem Absagebrief genießt seinen Kummer, und das sich schnäbelnde Taubenpaar stellt sicher: Hier wird genossen. Der Schlager läßt sich keinen Naturlaut entgehen, der von kosmischer Gemütlichkeit zeugen könnte: Vogelstimmen, Glocken, Alphorn, der Hall als emotionale Käseglocke, bis hin zur Peripetie dieses ganzen Zaubers im derzeit modischen Schluckauf-Effekt.

Der *Ekel* (eine Art von physiologischem Freiheitsprotest) durch Übersättigung wird naturgemäß individuell verschieden auftreten, sowohl was seinen Zeitpunkt als auch was seine Intensität betrifft. Die in klebrigem Dösen, in genüßlichem Auskosten der Stimmung niedergehaltene Freiheit zeigt sich psychologisch zunächst in der schlaffen Passivität des Kitschigen. Dabei ist, entsprechend unserer Zustandsbetrachtung, die Passivität des Kitscherlebens (ein wesentliches Strukturmerkmal des Genusses) mit der Passivität der

Kitschgegenstände zusammenzuschauen. Die Objekte zeichnen sich durch eine zärtliche Zugänglichkeit aus (man könnte von einem ›Hasch-mich‹-Effekt sprechen): Durch ihren Annehmlichkeitsappeal bieten sie sich dar zur wonnigen Hinnahme. (Das Unzüchtige, Exhibitionistische des Kitsches im Gegensatz zur ›herben‹, ›kühlen‹, ›spröden‹ Kunst ist schon in seinem phänomenologischen Begegnungscharakter und nicht erst im Thematischen – der ›Aussage‹ – ausfindig zu machen.) Auch Spielobjekte haben ihren Appeal, wie wir sahen, aber sie appellieren an die Aktivität, auf daß man sich spielend mit ihnen einlasse, also spontan und mit distanziertem Spielbewußtsein. Beides – Spontaneität wie Distanz – geht dem Kitschigen ab, weil es nicht der Struktur des Genusses entspricht. Das Spielerische beispielsweise am kitschigen Nippes ist nur ein vordergründiger Aspekt; die kitschigen Scherzpostkarten sind wie die (in den USA besonders häufigen) selbstironischen Schlager bereits Ansätze zur Überwindung des Kitsches, self-consciousness des Kitschigen, und darum Grenzphänomene.

Die meisten Kitschanalytiker haben sich fast ausschließlich mit den *Pseudotranszendenzen* des Kitschigen beschäftigt, womit sie freilich den bequemeren Weg einer moralischen Konfrontation Kitsch/Kunst einschlugen, auf Kosten der viel elementareren Kitschphänomene. Wir meinen jenen Hang des Kitsches zum (unechten) *Freiheitsalibi*: Durch scheinbar aktive Zuwendung zu Werten, Idealen, die an sich ein freiheitliches Sprengen aller Genußimmanenz bewirken müßten, rechtfertigt sich der seiner selbst nicht ganz sichere Kitsch, täuscht eine (transzendierende) Freiheitsaktivität vor, er wird edel, fromm, patriotisch, tritt scheinbar für das Wahre, Gute, Schöne und Erhabene ein, aber eben auf kitschige Weise, d. h., das Ideale wird in sein Gegenteil pervertiert, nämlich ausgerechnet zum Genußgegenstand. Die ›reine Liebe‹ bietet sich fast selbstverständlich solchem kitschigen Amalgamierungsprozeß an; der verschleiernde Tüll entrückt die Begehrenswerte (meist dazu noch Unglückliche, aber Treue) keineswegs in platonische Fernen, sondern ist Reizwäsche. Diese Funktion des Tülls kann auch der Fahne oder der Sterbeszene des Kriegers, den die Schwester aufopfernd, aber höchst sexy betreut, zugeschrieben werden. Entscheidend bleibt, daß die Genüßlichkeit auch weiterhin auf ihre Kosten kommt, der transzendierende Schnörkel zum Aperitif wird und ein Doppeltes leistet: Er dient *als ›ideales‹ Banner und als Genußdiät in einem.*

Auf dieses Täuschungsmanöver des Kitsches sind die meisten der üblichen Vorwürfe gegen ihn zurückzuführen, wie ›billig‹, ›unwahr‹, ›schamlos‹, ›falsch‹ usw. Das ›Billige‹ z. B. ist für Kluge-Götze noch ökonomisch gemeint: »Kitschig ist dem Künstler ein Bild, das dem breitesten Publikumsgeschmack entspricht und gleichzeitig leichte Verkaufsware ist.« Indes besteht die ›Billigkeit‹ zunächst im ›Billigen‹ des Erlebniszustandes selbst: Der seelische Aufwand ist unangemessen gering. (Kierkegaard: »In den Verhältnissen des Geistes ist der Preis der Kauf.«[25]) Diese Unangemessenheit von vorgetäuschtem Wert und faktischem Genuß ist es, was primär vom Billigen des Kitsches sprechen läßt. (In Kapitel V werden wir dieser existentiellen Unwahrhaftigkeit des Kitsch-Menschen nachgehen.) Hier bedarf es noch keines philosophisch tieferen Freiheitsbegriffes, um die Billigkeit des Kitschigen zu deuten. Selbst der ›billige Geschmack‹ läßt sich auf diese prinzipielle Unangemessenheit zurückführen: Seine Billigkeit nämlich besteht in der Übereinstimmung mit dem *billigen Genuß* von (an sich ›teuren‹) Idealen und Werten. In diesem Sinne ist der schon von Nietzsche erkannte »Ausverkauf von Idealen« als Signatur des Zeitalters (der »Jahrmarkt« der Werte, der »1001 Ziele«) in der Tat eine kulturanthropologische Voraussetzung des ›billigen‹ Kitsches. (Broch hat diesen Gedanken geradezu verabsolutiert, vgl. Kapitel V.) Allein, auch der Genuß von Kunst braucht nicht Kunstgenuß zu sein: Das die Freiheit engagierende Transzendieren über die sinnliche Gegebenheit des Kunstwerks hinaus ist noch zu leisten, mit anderen Worten, es kann auch ausbleiben. Ja, nach einem schönen Ausspruch von Jean Genet gehört es zur »générosité« des Künstlers, dem Publikum diese Chance des Ausweichens vor dem Anspruch des Kunstwerks einzuräumen.[26] Das über den puren oder kitschigen Genuß hinausgehende Engagement der Freiheit wird durch Kunst nahegelegt, nicht erzwungen. (Wir wollen hier nicht diffe-

25 Sören Kierkegaard, »Tagebücher«, Innsbruck 1923, Bd. II, S. 229.
26 Zitiert bei Sartre, »Was ist Literatur?«, Hamburg o. J., S. 44.

renzieren, denn zweifellos ist der Grad von générosité und Höflichkeit in verschiedenen Epochen und Richtungen recht unterschiedlich.)

Ein weiterer Einwand noch ist mit dem Kitschprädikat ›*billig*‹ gemeint: nämlich daß sich der Kitschgenuß als Kunsterlebnis ausgibt bzw. daß sich *Kitsch*gegenstände als *Kunst*werke anbieten. Dieser Anmaßung des Kitsches und des Kitschigen widmen sich seit G. E. Pazaurek (1912)[27] die meisten Autoren. Die selbstgesteckte Aufgabe der vorliegenden Untersuchung besteht jedoch darin, daß wir den Kitsch aus der ihm genuinen Sphäre begreifen wollen, nicht aber ihn als ›Pseudokunst‹ dem ›wahren‹ Kunstwerk gegenüberstellen. Gewiß, die Kitschprodukte treten meist mit dem Anspruch auf, Kunst zu sein; die Zurückweisung dieses Anspruches ist jedoch nicht unsere Aufgabe, da wir ja kein Plädoyer für die Kunst und gegen den Kitsch vorzutragen haben, sondern vielmehr den Kitsch und seine Anmaßung begreifen wollen. Der Anspruch, Kunst zu sein, wird uns deswegen interessant, weil sich in ihm, wie in den obenerwähnten Pseudotranszendenzen, ein charakteristisches Ungenügen des Kitsches an sich selbst verrät. Die falsche Strebsamkeit des Kitsches bezeugt ein Rechtfertigungsbedürfnis, das zwar nicht weit trägt, aber symptomatisch wichtig ist, zumal es sich uns auch anderweitig bekundet.

Eine Auseinandersetzung mit dem Problem Kitsch und Kunst bedürfte präziser Kenntnisse darüber, was denn Kunst überhaupt sei. Eine Untersuchung über den Kitsch kann vielleicht zu einem besseren Verständnis dessen, was Kunst ist, beitragen. Besonders die von uns erwähnte latente Möglichkeit, Kunst kitschig zu erleben, könnte weiterführen. Aber zu einer befriedigenden Abhebung von Kitsch und Kunst reicht unser bisheriger Transzendenzbegriff nicht aus, wenn er auch die Richtung andeutet, wo das discrimen rerum wohl zu suchen ist. Unentschieden scheinen uns vorläufig die Fragen: Ist Kitsch – wie manche Autoren meinen – eine Entartung der Kunst, oder ist er nicht vielmehr deren stets zu überwindende Vorform und damit zu integrierendes Moment in einem um-

27 G. E. Pazaurek, »Guter und schlechter Geschmack im Kunstgewerbe«, Stuttgart 1912.

fassenderen Gesamtprozeß? (Broch neigte zu dieser Auffassung.) Die hymnischen Beteuerungen, daß der ›billige‹ Kitsch mit der ›teuren‹ Kunst nichts zu tun habe, erscheinen uns allzu billig.

Bleiben wir also zunächst beim Kitsch, indem wir unsere bisherigen Überlegungen *zusammenfassen*. Zunächst hatten wir versucht, die Zusammenschau von Kitschobjekt und kitschigem Erleben methodisch und mit einem Seitenblick auf unseres Erachtens ungenügende Theorien zu rechtfertigen. Dabei erwies sich der kitschige Zustand vom Erleben her als besonders hartnäckiges Strukturenknäuel, weil in einer sehr spezifischen Unentschiedenheit die phänomenologisch säuberlich herauspräparierbaren Genußstrukturen (purer Genuß und ästhetischer Genuß) ineinander übergehen. In der Genüßlichkeit fanden wir die Voraussetzung zu diesem merkwürdigen Amalgamierungsprozeß. Eine Reihe scheinbar nur ›objektiver‹ Merkmale des Kitschproduktes – Penetranz, Klebrigkeit, Sentimentalität, Exotismus, Schwächlichkeit, übersättigte Stimmungen, Pseudowerte und -ideale u. a. m. – führten wir auf die Genüßlichkeit zurück. Stets war es diese Grundverfassung des kitschigen Menschen, die uns das in seiner Ärgerlichkeit aufschlußreiche Doppelspiel des Kitschigen verstehen ließ.

Wie das *Lächerliche* und die vis comica, ist auch das *Ärgerliche* als *phänomenologische »Wünschelrute«* (Goethe über Lichtenbergs Späße) unersetzlich. Verärgert reagieren wir gewöhnlich auf Sachverhalte mit verhedderter Dialektik; dem von K. M. Michel zitierten »Wirf den Kerl hinaus, Johann, er bricht mir das Herz« könnte man Nietzsches Doppelärger anfügen: »Bettler aber sollte man ganz abschaffen! Wahrlich, man ärgert sich, ihnen zu geben und ärgert sich, ihnen nicht zu geben.«[28] Umgekehrt gibt es ein sehr befriedigendes Genügen an struktureller ›Sauberkeit‹, man denke etwa an den Phänomenologen Alexander Pfänder, der seinen verstorbenen Göttinger Kollegen Moritz Geiger so treffend synästhetisch würdigte: »Als Speise wäre er Reis.« J. Günther findet mit Recht, hier handle es sich um eine »weitgehende Entsprechung aller Wesensqualitäten dieses bestimmten Menschen zu denen des Reises; also etwa: körnig, trocken, reinlich, nahrhaft, nüchtern,

28 Nietzsche, »Zarathustra«, Kröner-Ausgabe, S. 154.

blank, hell, schmackhaft ohne forcierten Reiz u. dgl.« Das ärgerliche Gegenteil nun ist die *›strukturelle Unsauberkeit‹ des Kitsches*, seine Klebrigkeit, das Vage, Quallige, Schleimige, Schlüpfrige, Schamlose usw., das ja gleichermaßen dem Erleben wie seinen Objektivationen eigentümlich ist, ja, es wird noch dadurch verstärkt, d. h. wiederum ›penetrant‹, daß sich die Kitschprodukte gewöhnlich selbst schon Sujets wählen, die solches Erleben darstellen. (Z. B. Kitsch, der kitschige Menschen, die ihrerseits schon kitschig und Kitsch erleben, zum Zwecke ebensolchen Genusses darstellt.) Diese Unentrinnbarkeit und Unentwirrbarkeit in einem führt zur adäquaten (dialektischen) Reaktion des Ärgers, beispielsweise beim Kunstfreund.

Demnach müßte es Möglichkeiten der *Entkitschung* geben, wenn die strukturellen Interferenzen des Kitsches bzw. seiner zugrundeliegenden Genüßlichkeit auf klarere und eindeutigere Sachverhalte zurückgeführt würden, etwa auf puren Genuß oder auf (distanziertes) Spiel. Von der höchsten Sublimation im Kunstwerk sehen wir ab. (Madame Bovary ist kitschig und erlebt Kitsch, Flaubert aber ist ein großer Künstler.) Die klassische Reduktion von Kitsch auf puren Genuß vollziehen z. B. Kinder, wenn sie die schokoladene Weihnachtskrippe samt süßem Jesulein, gesamter heiliger Familie und Hirten pietätlos und mit großem Appetit schlichtweg verzehren. Ebenso entkitschen sie den hübsch kolorierten Ball, sobald sie mit ihm Fußball spielen. Erwachsene haben schon mehr Schwierigkeiten mit dem Entkitschen: Entweder sie bleiben in der Sphäre des Kitsches, oder aber sie ärgern sich über ihn. Aber man kann auch eine Untersuchung über ihn schreiben.

V. Der Kitsch-Mensch

Unser Versuch, die eigentümliche Zwischenstellung des Kitschgenusses ausfindig zu machen und etwas näher zu beschreiben, war von Anfang an dadurch erschwert, daß es nicht nur den isolierbaren Kitschgenuß (der schon kompliziert genug ist) gibt, sondern, wie alles menschliche Tun, Lassen und Sein zeigt, darüber hinaus auch noch ein ›Verhältnis zu...‹ In unserem Falle heißt dies: *Der Mensch verhält sich auch noch zu seiner Kitschigkeit*, er ist nicht bloß kitschiges Bewußtsein. Mit anderen Worten, es gibt kein pures Naturphänomen kitschiger Zustand, vielmehr gehört auch dieser in den Bereich menschlicher Freiheit. »Was immer zu den spezifischen Gaben menschlicher Natur gerechnet sein will, liegt nicht im Rükken menschlicher Freiheit, sondern in ihrem Bereich, dessen sich jeder einzelne stets von neuem bemächtigen muß, will er Mensch sein.« (Plessner[1]) Eine statische Topographie der Region des Kitsches würde dieser Komplikation nicht gerecht werden. Ob man nun von »Aktzentrum«, »Personsein«, »Selbst«, »Existenz« oder »Freiheit« spricht – immer meint man dieses eigentümlich Menschliche, daß wir nicht bloß so und so sind, sondern uns immer überdies noch zu diesem Sosein verhalten. Kierkegaards berühmte Formel, in der Gegenwartsphilosophie häufig wiederholt und variiert, lautet: »Das Selbst ist ein Verhältnis, das sich zu sich selbst verhält.«[2]

Zwar versuchten wir, die Kitschregion sozusagen für sich zu untersuchen und die Freiheit mehr negativ und am Rande geltend zu machen, z. B. in der Wendung ›sich gehenlassen‹, ›sich sichern‹ (durch falsche Freiheitsalibis). Doch diese methodisch bedingte Einseitigkeit müssen wir uns bewußtmachen, indem wir nun vom

1 Plessner, »Lachen und Weinen«, 2. Aufl., München 1950, S. 13.
2 Kierkegaard, »Die Krankheit zum Tode«, Gesammelte Werke, 24 u. 25. Abt., Düsseldorf 1950, S. 13.

ganzen Menschen sprechen, dem Kitsch nicht bloß passiert, widerfährt, begegnet, sondern der sich (frei) als *Kitsch-Mensch »wählt«* (Sartre, Kierkegaard). Hermann Brochs Formulierung ›Kitsch-Mensch‹ hat vor dem sprichwörtlichen Lieschen Müller den großen Vorzug, daß damit nicht auf eine soziologische Gegebenheit abgewälzt wird, was eine *latente Möglichkeit des Menschen überhaupt* ist.

Zwei Tatsachen vor allen Dingen können gegen den naheliegenden Einwand geltend gemacht werden, wir verallgemeinerten das Kitschphänomen allzu sehr, während es sich de facto um ein ästhetisches Randphänomen handele. Die eine Tatsache besteht in der mehrfach erwähnten Verkitschung von Kunstwerken (objektiv durch die Reproduktion, subjektiv durch die kitschige Aneignung). Die zweite, in der objektivistischen Kitschdiskussion übergangene Tatsache erblicken wir darin, daß die uralte Verdächtigung und Verketzerung der Kunst stets ausgerechnet jene Vorwürfe geltend zu machen pflegt, die heutzutage gegen den Kitsch erhoben werden. Beide Tatsachen scheinen uns eng zusammenzugehören, denn die latente Möglichkeit kitschiger Aneignung von Kunstwerken rechtfertigt wenigstens zum Teil die Vorwürfe, nämlich insofern, als auf existentielle Gefahren aufmerksam gemacht wird, die in der Tat nicht zu bestreiten sind. (Daß der antikünstlerische ethische Rigorismus die Freiheitschancen der Kunsterfahrung weitgehend ignoriert, kann freilich auch nicht abgeleugnet werden.)

Es ist dabei zu beachten, daß die größten *Verdächtiger der Kunst* von Plato bis Tolstoi außergewöhnlich musische Menschen, oft selbst Künstler, waren; also der Einwand, es habe sich um die Kritik von Banausen gehandelt, ist leicht abzuwehren. Vergleichen wir nur einmal Tolstois Entsetzen über die Wirkung von Beethovens Kreutzersonate mit Platos Kritik an den Dichtern, dann gelangen wir leicht zu dem gar nicht selbstverständlichen Ergebnis, daß beide die Wirkung der Künste kritisieren, indem sie an ihnen ausgerechnet die Merkmale des Kitschigen entlarven. »Sie spielten die Kreutzer-Sonate von Beethoven... Kennen Sie das erste Presto? Kennen Sie es? Oh!... Posdnyschew schrie auf und verharrte dann lange Zeit in Schweigen. – Diese Sonate ist etwas Schreckliches – namentlich dieser Teil. Und die Musik ist überhaupt etwas

Schreckliches! Was ist denn die Musik? Was bewirkt sie? Und wozu bewirkt sie das, was sie hervorbringt? Man sagt, die Musik wirke erhebend auf die Seele – Unsinn! Das ist nicht wahr! Sie wirkt auf die Seele ein, schrecklich wirkt sie – ich spreche von mir selbst – aber durchaus nicht erhebend. Sie wirkt weder erhebend noch erniedrigend auf die Seele, aber aufregend. Wie soll ich es Ihnen erklären? Die Musik bewirkt, daß ich mich selbst, meine wirkliche Lage vergesse; sie versetzt mich in eine andere, mir fremde Lage. Unter ihrer Einwirkung glaube ich etwas zu empfinden, was ich in Wirklichkeit nicht empfinde, etwas zu verstehen, was ich nicht verstehe, etwas vollbringen zu können, was ich nicht vollbringen kann. Ich erkläre das dadurch, daß die Musik ebenso auf den Menschen einwirkt wie das Gähnen oder das Lachen: ich bin nicht schläfrig, aber ich gähne, wenn ich Gähnende ansehe; ich habe keine Veranlassung zu lachen, aber ich lache, wenn ich andere lachen höre. Die Musik versetzt mich mit einemmal unmittelbar in die Geistesstimmung des Komponisten, ohne daß ich wie er den Anlaß für diese Stimmung hätte oder auch nur wüßte...«[3]

Nach unserer Phänomenologie des Kitscherlebens brauchen wir die von Tolstoi beschriebenen Wirkungen nicht nochmals zu analysieren. Offenkundig ist vor allem die unfrei machende Faszination, d.h. die Entpersönlichung durch unwahre Gefühlssurrogate, also Verzauberung und Selbstvergessenheit. Platos Kritik an der mimetischen Dichtung (vor allem im 10. Buch des »Staates«) ist zugleich »eine Kritik des ›ästhetischen Bewußtseins‹ in seiner moralischen Problematik«, wie H.-G. Gadamer[4] in seiner Studie über Plato und die Dichter gezeigt hat. Die auf bloß täuschende Nachahmung gerichtete Tätigkeit der Dichter bezaubert durch den Schein: »Der Dichter, der bei der Menge Eindruck machen will, ist nach dem Geschmack seiner Zuhörer wie nach seinem eigenen Wesen auf das verwiesen, was sich reich und farbig darstellt und darstellen läßt, den Sturm der wechselnden Gefühle, und abgedrängt von der sich gleichbleibenden Haltung dessen, der in allem Schicksal die stille

3 Leo Tolstoi, »Kreutzersonate«, Kap. XXIII.
4 Hans-Georg Gadamer, »Plato und die Dichter«, Frankfurt a.M. 1934, bes. S. 22ff.

Energie eines willenskräftigen Sinnes bewahrt. Was sich leicht darstellen läßt, die leidenschaftliche Gebärde, ist aber vor dem wahren Ethos die Äußerlichkeit und Unwahrheit, und so wiederholt die Kunst, was bereits in der Wirklichkeit die ›Heuchelei des Lebens‹ (Hegel) ist.«[5] Die Wirkung ist ästhetische Selbst-Vergessenheit, während doch der eigentliche Stand des Menschen der des »Wächters« sein sollte.

Jenseits der Frage nach der Berechtigung eines solchen Purismus steht die Grundtatsache, daß es dieses être manqué, den Kitsch-Menschen nämlich, gibt, nicht bloß als soziologische Gruppe oder als bedauerliche Zeiterscheinung, sondern als allgegenwärtige Möglichkeit, vor der auch Kunst nicht gefeit ist. Auch unser Vergnügen an tragischen Gegenständen ist, wie Augustinus[6] wußte (ohne freilich diesen Ausdruck zu gebrauchen), an der *Risikozone rührseliger Genüßlichkeit* beheimatet. »Es riß mich fort das Theater mit seinen Spielen, voll von Bildern dessen, woran ich litt, und von Zunder für mein Feuer. Was ist es, daß der Mensch dort trauern und leiden will, indem er schwere, tragische Schicksale betrachtet, die er nicht selber erleben möchte? Und doch will er zuschauend Schmerzen daraus schöpfen, ja der Schmerz gerade ist dann seine Lust... Und gehen die Geschichten von Menschenleid, ob frei erdichtet, oder voreinst geschehen, ohne schmerzlichen Eindruck auf den Hörer über die Bühne, so geht er verdrossen und abschätzig von dannen. Wird ihm aber ans Herz gegriffen, so bleibt er gespannt sitzen, und seine Tränen tun ihm wohl... Vor dem fremden, erlogenen, gegaukelten Unglück hatte ich am Spiel des Mimen um so mehr Gefallen, gab mich um so voller hin, je mehr es mir Tränen erpreßte...« Augustinus, dem jene sentimentale Lust am Leid als »häßliche Räude« des von Gott abgefallenen Menschen erscheinen will, der nicht das Gute tun und das wahre Sein erkennen möchte, machte jedenfalls bereits auf den Kitsch-Menschen als menschliche Möglichkeit aufmerksam, und zwar ohne den Optimismus, es handele sich um eine bloße Frage der Geschmacksbildung oder des

5 Ebd., S. 26.
6 Augustinus, Confessiones, III, ii (übertragen von J. Bernhardt, Kröner-Ausgabe, Bd. 80, S. 70ff.).

wahren Kunstkanons. Zum andern erblickt der Kirchenvater in seinem eigenen Versagen einen (sündigen) Freiheitsakt (»gab mich hin«), »ließ mich erfüllen«, »ergreifen« usw.).

Schopenhauer läßt sich bei allen sentimentalen Anwandlungen, denen er in so hohem Maße ausgesetzt war, nicht auf den Nenner ›ästhetischer Mensch‹ bringen, wie K. Fischer[7] meinte. Eine typische kleine Begebenheit berichtet v. Doß: Der Philosoph liest einige rührende Stellen der Dankadresse amerikanischer Negersklaven vor, seine Augen werden feucht – aber er fängt sich mit der Bemerkung, sicherlich wäre er bei seiner Gabe, sich rühren zu lassen, ein großer Schauspieler geworden...

Sich fangen und *sich sinken* lassen sind *Freiheitsakte*. Die Chance der Kunsterfahrung aber (die hier nicht unser Thema ist) bestünde im Gewinn jener Interesselosigkeit des Wohlgefallens am Kunstwerk, das autonom (als Wertträger) mir gegenübertritt, unbekümmert um meine Gefühligkeit. Wie anders als Posdnyschew urteilt Beethoven selbst über die Musik: »Künstler sind feurig, sie weinen nicht. Rührung paßt nur für Frauenzimmer; dem Mann muß Musik Feuer aus dem Geiste schlagen.«[8]

Nicht einlullen soll das Kunstwerk mithin, vielmehr im Gegenteil die dumpfe Privatheit des Selbstgenusses zur höchsten Wachheit aufstacheln. Der Kult kunstsinniger Empfindsamkeit ist meist suspekt, so wie das »L'art pour l'art« oft nur zum Vorwand genommen wird, geschmäcklerisch Kunst gerade nicht (autonome) Kunst sein zu lassen, sondern im vagen Dienst am Schönen der eigenen – zugegeben gehobenen – Genüßlichkeit ungestörter nachgeben zu können. Der Zusammenhang des Ethischen und Ästhetischen wird, wie bereits Plato wußte, dadurch evident, daß der in die sinnliche Vordergrundsfassade des Kunstwerks Verliebte gleichzeitig auch moralisch versagt: Er wird durch seine Isolation in der privaten Affektwelt unfrei und unwahr zugleich. Denn er schließt sich ab von den erlebnistranszendenten Realitäten und Werten, indem

7 Kuno Fischer, »Schopenhauer«, 4. Aufl. Heidelberg 1934, bes. S. 127f. Unsere Anekdote stammt aus dem 20. Jahrbuch der Schopenhauer-Gesellschaft, Heidelberg, 1933, S. 146.
8 Richard Benz, »Beethovens Denkmal im Wort«, München 1946, S. 58.

er seinen sinnlichen Trieben – wenn auch ›sublimiert‹ – Herrschaft über seine Besonnenheit einräumt.

Wir können mit bestem Willen auch in *Freuds Kunsttheorie*[9] lediglich *eine Theorie des Kitsches* erblicken: »Der Künstler ist ursprünglich ein Mensch, der sich von der Realität abwendet, weil er mit der Forderung, auf eine Befriedigung seiner Triebwünsche in ihrer primären Form zu verzichten, nicht fertig zu werden vermag, und der dann in der Welt der Phantasie seinen erotischen und ehrgeizigen Triebwünschen freien Spielraum läßt. Er findet jedoch seinen Weg aus dieser Welt in die Realität zurück; mittels einer spezifischen Begabung gestaltet er seine Phantasien zu einer Art Realität, und die Menschen räumen diesen Phantasien eine Berechtigung als wertvolle Reflexe wirklichen Lebens ein. So wird er auf einem bestimmten Wege zu dem Helden, König, Schöpfer, Favoriten, der zu sein er so begehrte, ohne daß er den verschlungenen Umweg über die Herbeiführung realer Veränderungen der Außenwelt beschreiten muß.« L'art pour l'art und Triebmonismus, der die Freiheit selbst nur als Spiel determinierter Mechanismen begreift, vertragen sich gut miteinander.

Die Bereitwilligkeit, sich vom starken Gefühl übermannen zu lassen, verzichtet auf das »Feuer« des Geistes, von dem Beethoven sprach. Sie verzichtet aber vor allem auf Kunst als »Ereignis des Schönen« (G. Nebel), Begegnung mit einem anspruchsvollen Andern (»Du mußt dein Leben ändern«). Diese – so gar *nicht erkenntnistheoretische – ›Objektivität‹ des Kunstwerks* als eines *verwandelnden Anspruchs an die Freiheit* steht dem *›Subjektivismus‹ des Kitsches* gegenüber. Dem Kitsch-Menschen kommt jene selbstverschuldete Unfreiheit in aestheticis zu, die im Leben wie in der Begegnung mit der Kunst den leichten und annehmlichen Weg sublimierten Lustgewinns gewählt hat. Die Stufen des Kitsch-Menschen reichen daher vom billigsten Nippes bis zum ›köstlichen‹ Kunstgenuß des »ästhetischen Stadiums« im Sinne Kierkegaards. (Vgl. Anhang)

Hermann Broch hat erstmalig, wenn auch von Nietzsche und Kierkegaard beeinflußt, diese *Durchgängigkeit des Kitschphänomens* gedeutet. Die (im Sinne Freuds) wert-lose Kunst ist ihm insofern

9 Freud, Gesammelte Schriften, Bd. IV, S. 19.

das Böse in der Kunst, als hier im Namen des Schönen das Unendlichkeitsstreben des Menschen (und des Künstlers) geradezu verhindert wird: »da wird der unendliche Akt des ethischen Strebens mit einem Male abgestoppt, wird die unendliche ethische Forderung herabgedrückt zu einem Kochrezept«.[10] Die von uns ästhetisch analysierte Vereinseitigung des Kunstwerks durch kitschige Aneignung wird so von *Broch* moralphilosophisch gedeutet: Im Zuge des bereits von Nietzsche konstatierten Wertzerfalls (der freilich latent immer schon vorhanden war) emanzipieren sich die hierarchisch integrierten Werte des abendländischen Menschen (Nietzsches »tausendundein Ziel«). Es entstehen sozusagen private Maßstäbe ohne eine absolute Spitze (die Welt des Kaufmanns, des Bürgers, des Kriegers usw.). Damit wird aber auch die Kunst immer weniger transparent, sie dient der sich spezialisierenden mikrokosmischen Privatwelt mit ihren endlichen Maßstäben, wie sie sich im heutigen Wertchaos ein Stelldichein geben. Böse verdient ein solches Kitschsystem genannt zu werden, weil im Namen des Schönen der unendliche Freiheitsduktus jeder wahren Ethik aufgehoben wird. Es ist interessant, daß Broch auch den modernen Antiästhetizismus, wie er sich z. B. im Reportagestil zeigt, als »Rückkehr in die Gefilde des Kitsches«[11] interpretiert. Auffällig erscheint ihm die »primitive Mühseligkeit«, mit der die Fakten ausgesucht würden. Romantischerweise würde »das Außergewöhnliche« zum »konstanten Ereignis«, eine »lärmend-heroische Welt voll verkitschter Sieghaftigkeit hat sich hier etabliert«. Es »waltet ein Auswahlprinzip, das bei aller angestrebten Sachlichkeit den Stempel unsagbarer Verlogenheit trägt«.

Freilich liegt in jedem großen Wertsystem schon die Möglichkeit der Selbstzerstörung: durch Dogmatismus oder durch reaktionäre Verfestigung. Dann wird, scheinbar im Sinne der Wertwelt selbst, ein sich emanzipierendes endliches ethisches »Imitationssystem« (Broch) statuiert. (Als religiöse Beispiele seien die Werkgerechtigkeit genannt, die ohne Frömmigkeit ›fromme Werke‹ heiligspricht, sowie der Antichrist, der die Züge Christi trägt.) In der Kunst aber ist der Kitsch ein solches Imitationssystem.

10 Broch, »Dichten und Erkennen«, I, S. 214.
11 Ebd., S. 224.

Brochs moralphilosophische Interpretation des Kitsches ist für uns eine willkommene Ergänzung dessen, was wir über die Pseudotranszendenzen des Kitsches sagten. *Brochs Grenze* scheint uns darin zu liegen, daß es ihm nicht gelingt, innerhalb des Ästhetischen selbst die Kitschigkeit ausfindig zu machen. (So kann Broch z. B. manche unseres Erachtens kitschige Werke anerkennen, die er wegen ihrer legitimen ethischen Tendenz für Kunst hält.[12]) *Nietzsches Wagnerkritik* – ob man sie nun für sachlich berechtigt hält oder nicht – ist jedenfalls in ihrer Methode zwingender, da Nietzsche das Kitschige vor allem an der unmittelbaren Wirkung von Wagners Werken demonstrieren will. Nicht nur ethisch gelten ihm Wagner und sein Kreis als Décadence und »Résumé« der Modernität, sondern Nietzsche zeigt auch im einzelnen, wie Wagner die »Nerven überredet«[13]. Die »Disgregation«, die Wagners Kunst bewirkt, ist nicht primär als ethischer Wertzerfall interpretiert worden, sondern fast physiologisch als Wirkung ganz spezifischer Stimulantien und Narkotika. Der anthropologische Ertrag von Nietzsches Wagnerkritik für eine Phänomenologie des Kitsches erhellt aus der Tatsache, daß Nietzsche großartig alle Momente des Kitscherlebens, einschließlich der Techniken, mit denen es bewirkt werden kann, aufzeigt. Nicht einmal die Synästhesien fehlen[14], auch nicht der »Exotismus«[15].

Ästhetisch greifbarer als der Ruf nach einer neuen Mitte, nachdem wir die alte ja verloren haben, ist *Nietzsches Forderung nach einer neuen »Heiterkeit«*[16]. Er erhebt sie nicht wegen des ungebildeten Volkes etwa, sondern richtet sie gegen die kulturgenüßlichen Gebildeten: »O wie einem nunmehr der Genuß zuwider ist, der grobe, dumpfe, braune Genuß, wie ihn sonst die Genießenden, unsere ›Gebildeten‹ verstehn! Wie boshaft wir nunmehr dem großen Jahrmarkts-Bumbum zuhören, mit dem sich der ›gebildete‹ Mensch und Großstädter heute durch Kunst, Buch und Musik zu

12 Ebd., S. 219.
13 Nietzsche, »Der Fall Wagner«, Kröner-Ausgabe, S. 21.
14 Ebd., S. 20, 37.
15 Nietzsche, »Der Wille zur Macht«, Kröner-Ausgabe, Aphorismus 829.
16 Nietzsche, »Nietzsche contra Wagner (Epilog)«, Kröner-Ausgabe Bd. 77, S. 74.

›geistigen Genüssen‹, unter Mithilfe geistiger Getränke, notzüchtigen läßt... Nein, wenn wir Genesenen eine Kunst noch brauchen, so ist es eine andere Kunst – eine spöttische, leichte, flüchtige, göttlich unbehelligte, göttlich künstliche Kunst, welche wie eine reine Flamme in einen unbewölkten Himmel hineinlodert!«[17]

17 Ebd., S. 73f.

Schlußbetrachtung[1]

»Gefallen, wie ich das Wort hasse!«
Goethe

Leider haben die Ästhetiker das ›je ne sais quoi‹ des Kitsches, seine wesentliche Penetranz und Klebrigkeit, den qualitativen Sprung, der ihn von Kunst distanziert, noch zu wenig bedacht. Ein *Versäumnis*, das bestimmt nicht damit zu begründen ist, daß Kitsch ein zu modernes Phänomen wäre. Das Wort ist freilich noch jung, nicht aber die Sache. Das Abgleiten in den Kitsch ist eine latente Möglichkeit des Ästhetischen, gehört mit zur Hinfälligkeit des Schönen (Solger). Auch Kunst ist gegen kitschige Aneignung nicht gefeit, es sei denn, sie gäbe aus bewußtem Anti-Kitsch-Affekt das Schöne preis, dessen Fragilität sie fürchtet, scheinbar kühn, tatsächlich aber nur als polemische Attitüde, die letztlich auf Sicherheit bedacht ist.

Vielleicht besteht das Neue unserer *Gegenwart* – ästhetisch nämlich – darin, daß *Kunst extrem polemisch* im erwähnten Sinne geworden ist. Gleichzeitig hat sich das Kitschbedürfnis der breiten Massen zu einem nicht zu übersehenden Faktor unseres modernen Daseins ausgewachsen. Es kann mit industriellen Mitteln großzügig befriedigt werden wie nie zuvor. Das Bild wird von einer beziehungslosen Diastase bestimmt: Auf der einen Seite die immer exklusivere Kunst von Eliten, auf der anderen eine hemmungslose Erzeugung von Kitsch. Das zeitkritische Schrifttum unserer Tage hat diese Diastase oft beschrieben. Die Faszination durch geschichtsmetaphysische Postulate jedoch war einer Analyse des Kitsches nicht günstig.

Innerhalb der Panorama-Betrachtung des Kulturkritikers hat der

1 Der Text dieses Kapitels stellt eine geringfügig gekürzte Fassung des Aufsatzes »Das Phänomen des Kitsches« dar, der in dem Sammelwerk »Deutsche Literatur im 20. Jahrhundert« (hrsg. v. H. Friedmann und O. Mann, Heidelberg 1954, 3. Aufl. 1959) enthalten ist.

Kitsch nur eine untergeordnete Bedeutung; er ist ein Symptom unter anderen. Der Ästhetiker aber, vorwiegend mit prinzipielleren Erwägungen über die Kunst selber beschäftigt, beziehungsweise in der Bemühung, das Chaos der zeitgenössischen Ismen zu sondieren, kommt kaum zur speziellen Frage nach dem Wesen dieses defizienten Gebildes. Geschieht dies dennoch am Rande, dann unterliegt fast jeder der Gefahr des Historisierens: Indem man Kitsch allein als ein bestimmtes Verfallssymptom einer Epoche sieht, zum Beispiel des 19. Jahrhunderts, erspart man sich die Mühe, sein Wesen zu deuten. Es genügt ja der Nachweis seines Auftauchens.

Indes, gerade die moderne Philosophie und Anthropologie hat für Untersuchungen negativer, defizienter, depravierter Phänomene (des Durchschnittlichen, Alltäglichen, des Man, des Ekels, der Angst usw.) nicht nur viel Sinn, sondern vermag zu zeigen, wie dialektisch Positivitäten (Humanität, Wahrheit, Freiheit, Schönheit, Glück usw., nicht zuletzt Kunst) zu begreifen sind. Die bloße Konfrontation, Aufzählung, Gruppierung von Phänomenen befriedigt nur ein sehr vordergründiges Erkenntnisziel. Der prinzipiellere dialektische Weg aber ist langwierig und kommt zu keinem runden Ende.

1

Das *Wesen des Kitsches* zu bestimmen ist nicht leichter als anzugeben, was die Kunst denn eigentlich ›sei‹. Denn in concreto begegnet uns Kitsch als Pseudokunst. Ihn als Kitsch zu erfahren setzt demnach bereits ein – wenn auch unexplizites – Wissen von eigentlicher Kunst voraus. Darüber jedoch ist nicht das objektiv vorhandene Kunstwerk zu befragen, sondern die Erfahrung selbst, die erst einem Gegebenen zur Dignität verhilft, ein Kunstwerk zu sein. Mit dieser Bemerkung soll keine erkenntnistheoretische Betrachtung über die Subjektivität des Ästhetischen oder dergleichen angebahnt werden, die der Erfahrung nicht gerecht zu werden pflegt. Denn zum ästhetischen Erlebnis gehört gerade die Nicht-Subjektivität des Erfahrenen, also die Begegnung, das Ereignis eines Anderen. Ob man dies nun, wie die Erkenntnistheoretiker, als Extrapolation des subjektiven Bewußtseins deutet oder metaphysisch vom An-sich-Sein des Kunstwerks spricht, ändert nichts am primären Sachverhalt: daß das Kunsterleben weiß, daß es eben intentional auf ein Anderes gerichtet ist und daß dies konstitutiv ist für die ästhetische Erfahrung überhaupt.

Schon hier war eine Eigentümlichkeit der Kitscherfahrung ausfindig zu machen. *Kitsch* ist seinem Wesen nach *stärker subjektiv*, weniger Begegnung, Ereignis. Die Bewußtseinstranszendenz des kitschigen Gegenstandes ist wesentlich reduziert: Er wird weniger als Gegen-stand erlebt. Darin gründet ja eben seine Klebrigkeit, daß man weniger ihm gegenübersteht, als sich in ihm ergeht, von ihm eingenommen, ja benommen ist. Nicht als ob Kunst nicht auch ergriffe, als Empfindung gegenwärtig wäre, spezifische Stimmung auslöste – allein, es handelt sich hierbei immer gleichzeitig um eine Erfahrung von Anspruch, Ereignis (›Du mußt dein Leben ändern‹). Mit anderen Worten: Phänomenologisch gilt die Bewußtseinsimmanenz in höherem Maße für den Kitsch. Kitsch steht näher den zuständlichen Gestimmtheiten, dem Dösen zum Beispiel, insofern als die Bewußtseinstranszendenz niedergehalten ist. Daher jene *dumpfe Privatheit*, die noch dem forciert grandiosen Kitsch eigentümlich bleibt. Die Probe: Es ist ohne Schaden en miniature zu reproduzieren. Man versteht, warum nicht die dinglich vorhandenen, ›objektiven‹ Kunst-gegenstände nach ihrem kitischigen bzw. künstlerischen Wesen befragt werden sollen; denn alle Bewußtseinshaltungen des spezifischen Kitscherlebens können auch sanktionierten Kunstwerken gegenüber eingenommen werden. Kaum einem sogenannten klassischen Kunstwerk – es sei denn, es war zu spröde – blieb es erspart, kitschigem Erleben preisgegeben zu sein. (Leonardos »Abendmahl« im Schlafzimmer, der »schöne« Mozart.)

Somit war hier weder von Kitschobjekten noch von deren Herstellungstechniken zu sprechen, es sei denn zur Veranschaulichung unserer prinzipiellen Ergebnisse. De facto macht es ja auch die sogenannte objektivistische Betrachtung nicht anders. Denn indem sie zwar von gegebenen Produktionen ausgeht, spricht sie – implizit appellierend – doch vom Erleben. Dennoch, müssen wir hinzufügen, ist Kitsch nicht nur Erleben, sondern schlägt sich nieder in eigentümlichen Erzeugnissen bzw. wird angesichts dieser erst aktuell. Also wenn es auch primär eine kitschige Erlebnisweise gibt, deren Analyse zur Wesensbestimmung des Kitsches unerläßlich ist, so verstehen wir doch unter Kitsch ein Gegebenes, Konkretes (optisch, akustisch usw. Begegnendes), ohne welches man nicht von Kitsch sprechen kann. Gleichwohl gilt, daß die faktische Gegebenheit (Objektivität) des kitschigen Dinges gar nicht in dem Sinne zu einer Begegnung führt wie das Kunstwerk. Der Charakter der Intentionalität des ästhetischen Bewußtseins ist in beiden Fällen grundverschieden. Im Kitscherleben ist ähnlich wie im Behagen die *spezifische Distanz des Ästhetischen zugunsten eines Zustandsgefühls weitgehend unterdrückt*. Darauf bezieht sich Hanslicks spöttische Bemerkung, der Laie fühle beim Anhören von Musik viel mehr als der Kenner. Der genießerische Laie nämlich nimmt das Kunstwerk zum Anlaß, seine eigene Affiziertheit, nicht aber das Kunstwerk als Wertträger zu erleben.

Wenn wir mit diesen Strukturmerkmalen des Kitscherlebens: Gefühlsimmanenz, Privatheit, Isolation, Distanzlosigkeit, auskommen wollten, würden wir dem Kitsch noch nicht gerecht, denn er würde sich nicht von den übrigen Weisen des Behagens unterscheiden. Ja, der Apologet des Kitsches, zum Beispiel aus dem Raume religiöser oder politischer Kollektive, könnte auf die hier besonders aufdringliche ›Transzendenz‹ des Kitsches (im Gegensatz zur ›esoterischen Kunst‹) verweisen, die mit seiner – fast immer beabsichtigten – Tendenz bewiesen scheint. Will denn Kitsch nicht immer das ›Gute‹, das ›Heilige‹, das Patriotische usw.? Zumindest aber das ›Schöne‹? Treibt er damit nicht das Erleben aus sich heraus?

Indes, diese Apologie trägt nicht weit, wenn sie auch auf die Ergänzungsbedürftigkeit des bisher Gesagten hinweist. Fragen wir deshalb nach dem Ursprung der *›Tendenz‹ im Kitsch*. Anthropologisch aufschlußreich war uns jenes merkwürdige schlechte Gewissen (Scham), von dem fast jeglicher Zustand der Gefühlsimmanenz, besonders bei lustvollen Leibgefühlen, begleitet ist. Transzendierender Gefühlsaufschwung – zur ›Welt‹, zu ›Werten‹ – gilt dem Menschen als eigentlicher denn die leib- (sinnen-)näheren Zustandsgefühle. Schmunzelnd drückt man beispielsweise nicht nur das Behagen über eine Speise aus, sondern auch die Souveränität über sich selber als bloß Genießenden. So kommt es denn zu jenen *Pseudotranszendenzen*, die den faktischen, meist lustvollen Zustandsgefühlen aus einer gewissen Scham unterstellt bzw. mit gewisser Bereitwilligkeit geglaubt werden. Bekanntlich ist man ja sogar lieber intentional böse als zuständlich dumm. Es gibt ein fundamentales Freiheitsstreben des Menschen, das sich als Tendenz zur Intentionalisierung des Zuständlichen ganz allgemein zeigt, zum Beispiel beim Ekel, wo die Zuständlichkeit des Angewidertseins dazu tendiert, sich sachverhaltsmäßig umzuinterpretieren, also sich sozusagen sekundär eine intentionale Spitze zu geben. Etwa in folgender Staffelung: Ekel vor etwas wird als moralischer Widerwille interpretiert; dieser als ethischer Abscheu, als Verachtung oder gar, in letzter Versachlichung, als theoretische Ablehnung von Etwas aus ›hygienischen Gründen‹ (A. Kolnai).

Dieser menschliche Grundzug zur Intentionalisierung – auch mit dem unlauteren Mittel von Pseudotranszendenzen – ist es, dem die ›Tendenz‹ im Kitsch entspringt. Nietzsche, Kierkegaard und die französischen Moralisten entlarvten unentwegt gerade diese allgemeine Tendenz, sofern sie unwahrhaftig am Werke ist. Die ›Tendenz‹ (gleichgültig welcher Art) im Kitsch ist also eine zusätzliche Intentionalität, die die primäre, zur Immanenz drängende Gefühligkeit gleichsam *überkompensiert*. Hierin – und nicht so sehr im Technischen – liegt die *fundamentale Unwahrhaftigkeit* des Kitsches. Der Zweck (die Tendenz) soll gewissermaßen die Mittel des im weitesten Sinne wert-losen Genießens heiligen. Und diese Rechnung geht nicht auf. Darum ist der Kitsch grundsätzlich so verlogen, ohne daß er im einzelnen Unzutreffendes auszudrücken braucht. Phänomenologisch irrelevant ist dabei zum Beispiel die im katholischen Frömmigkeitswesen auftauchende Frage, ob Kitsch nicht legitimes Mittel zum Ansprechen der breiten Massen ist. Jedenfalls steht der Kitsch dem *Obszönen* insofern nahe, als er, da die ›Tendenz‹ weniger zum Tragen kommt als die Sinnfälligkeit, exhibitionistisch wirkt und – bei entsprechender Primitivität – die Tendenz als Legitimierung einer bewußten Uneigentlichkeit gern mit in Kauf genommen wird.

Schließlich sei noch kurz auf die ästhetische Unwahrhaftigkeit hingewiesen, die aus dem – wiederum durch den Zweck der Tendenz geheiligten – *Anspruch* hervorgeht, *Kunst* zu sein. Ein Anspruch, der um so peinlicher empfunden wird, je selbstverständlicher ihn der Kitsch erlebt, zum Beispiel durch seinen Charakter als quasi-naiv, -infantil, -folkloristisch, -fromm usw. Dagegen ist Kitsch weitgehend aufgehoben, wenn er in ironischer Distanz gehalten wird, die ihn bewußt relativiert. Dann kann er sogar Material künstlerischer Gestaltung werden. Das ist beispielsweise oft bei Thomas Mann der Fall, auch in Songs, überhaupt in der Persiflage. Ob freilich ironische Distanz immer auch schon für die Kunst wesentliche ästhetische Distanz gewährleistet, ist damit nicht entschieden. Immerhin erfährt Kitsch durch das ironische Distanzieren eine so starke Einbuße an Gefühlssolipsismus, daß er praktisch zu sein aufhört.

Unsere prinzipielle Sicht wird nicht dadurch in Frage gestellt, daß es viele Fälle gibt, in denen die Unterscheidung Kitsch/Kunst schwierig ist. Manches bei den Nazarenern, bei Raffael oder Bernini z. B. wird heute zum Edelkitsch gezählt. Die strittigen Fälle beweisen nur, daß angesichts ein und desselben Objekts verschiedene Erlebnisweisen möglich sind.

2

Verläßt man die prinzipielle Ebene und wendet sich der Frage nach dem *Kitsch in unserer Gegenwart* zu, so drängen sich vor allem zwei Tatsachen auf: einmal das überempfindliche Kitschbewußtsein der künstlerischen Elite, zum anderen die gesteigerte Nachfrage nach Kitsch seitens der breiten Massen. So exklusiv die Elite wird, so hemmungslos gibt sich die Masse dem Kitsch hin, zumal ihr dieser dank der allgemeinen Industrialisierung (Film, Rundfunk, Presse, Vervielfältigungsanstalten, Fernsehen usw.) grenzenlos geboten werden kann. Der Hang zum Kitsch wird zudem – im Zuge der Emanzipation der Massen – nicht nur legitimiert, sondern durch ›volkstümliche‹ politische Führung noch ausgenutzt. Schon der Stil staatsmännischer Reden ›ans Volk‹ und die dem Kitschbedürfnis so weit entgegenkommende Lenkung der öffentlichen Meinung verraten einen bezeichnenden Wandel gegenüber autokratischen

Zeiten. Die auf allen Gebieten des Lebens so oft beklagte Kluft zwischen Masse und – praktisch politisch unwirksamer – Elite scheint unüberbrückbar: Der uralte und stets aktuelle Antagonismus (s. Platons »Gesetze«, 4. Buch) zwischen *Kunst und Masse* ist so weit gediehen, daß er de facto meist gar nicht mehr zum Austrag kommt, weil nicht einmal mehr ein Streit besteht. Mit zwangsläufiger Notwendigkeit scheint sich ein Prozeß abzuspielen, der mit dem absoluten Sieg der Massen endet. Mag auch schon einer der ersten mit Namen bekannten deutschen Künstler, Lukas Moser, im Jahre 1431 auf den Rahmen seines Tiefenbronner Altars die Worte geschrieben haben: »Schri, kunst, schri und klag dich ser, din begehrt jecz niemer mehr. So o we«, es ist doch ein weiter Weg bis zu jener totalen Resignation des Künstlers, die aus Karl Hofer spricht: »Die Illusion, die Kunst müsse in erster Linie Volkskunst sein, muß grausam und restlos zerstört werden. Je größer und bedeutsamer eine Kunst ist, desto weniger kann sie Kunst für die Massen sein, ist es nie gewesen und kann es nimmer werden. Das, was die Masse in der Kunst sucht, ist der Kitsch. Aber«, heißt es weiter, »im Kitsch wird das tiefe und reine Gefühl der Masse für das Edle und Schöne auf eine kompromißlose, unkomplizierte und sinnvolle Art befriedigt.«

Sowenig dieser Nachsatz auch von anderen Malern unterschrieben werden dürfte, so ist in ihm doch die *Kapitulation des Künstlers* vor seiner Zeit auf unüberbietbare Weise zum Ausdruck gekommen: Der Künstler sagt ja zum Kitsch, weil er nicht einmal mehr dessen Widersacher ist. Die extremste Politik ist der radikale Abbruch der Kommunikation. Für solche totale Resignation weiß das Kollektiv Dank, indem es – noch – den ›Stars‹, einer Massenkategorie also, eine Art Naturschutzpark reserviert, gleich andern zum Aussterben verurteilten Spezies (Künstler als ›Prominente‹).

Nur soviel zum Sachverhalt, denn es gibt tatsächlich, paradoxerweise, heute bereits eine massentümliche kulturkritische Literatur. Was haben unsere phänomenologischen Aperçus mit diesem Sachverhalt zu tun? (Wobei wir nicht zu betonen brauchen, wie wenig der Sachverhalt allein für die blühende Kunst gilt.) Eins vor allem: Kitsch und Massenpsyche haben dieselbe Struktur. Es sind nicht naive Gemüter, die den Kitsch heutzutage produzieren, sondern raffinierte Massenpsychologen, kurzum Menschen, bei denen das Kitschbewußtsein durchaus anzutreffen ist, ja diese Mittler erforschen sogar systematisch die Techniken zur Erzeugung spezifischer Kitscherlebnisse. Die Organisationen der großen Filmgesellschaften, des Rundfunks, der Illustrierten usw., finanzkräftig und zielbewußt, sind selbst nicht Masse, haben selbst durchaus keinen Gefallen am Kitsch, fördern sogar in Geberlaune so am Rande, was sie selber für Kunst halten, produzieren aber Kitsch. Schlagerkomponisten und Schlagertexter, Drehbuchautoren, Devotionalienfabrikanten, Verleger und Autoren der Konsumliteratur, Gebrauchsgraphiker und Fotografen, Rundfunkexperten – sie alle arbeiten mehr oder weniger zynisch, reflektiert, technisch und psychologisch nüchtern, routiniert. Sie wissen, im Unterschied zur Masse, die sie gleichzeitig hervorbringen bzw. im Massendasein fixieren, daß Kitsch nicht Kunst ist. Eine Kultursoziologie täte gut daran, dieser Managerschicht Aufmerksamkeit zu schenken, statt voreilig geschichtsmetaphysische Fatalitäten zu postulieren.

Die rationell arbeitenden Kitschproduzenten liefern mit ihren stets durch Kontrolle verifizierbaren Methoden nebenbei wertvolles Material für die Analyse des Kitschphänomens: Die bewährten Techniken, die in systematischen Arbeitsgängen ›angewandte Ästhetik‹ des Kitsches bieten dem Analytiker fast eine Art Laboratorium, in dem er experimentell forschen kann.

3

Eben jenes ›je ne sais quoi‹ des Kitsches wird griffig, wenn man z. B. den spezialisierten Arbeitsprozeß hochgezüchteter Betriebe studiert, etwa der Walt Disney Production. Die einzelnen Abteilungen lassen sich gut als ›Elemente‹ ästhetischer Erfahrung betrachten. Aufschlußreich war uns beispielsweise der Herstellungsprozeß von »Fantasia«: Durch sehr exakte Synästhesien wird im ganzen der kitschige Gesamteffekt erzielt. Der Technik totaler Synästhesie entspricht auf der Erlebnisseite die Stimmung. Präzise Synchronisation von Erlebnisstrukutren aus verschiedenen Erlebnis-(Wahrnehmungs-)Sphären führt zu gesättigten Stimmungen. Nicht umsonst ließ sich Nietzsches Wagnerkritik leicht als phänomenologische Analyse des Kitsches interpretieren. Der ›Naturalismus‹ des Kitsches besteht übrigens weniger im naturgetreuen Kopieren von ›wirklichen‹ Wahrnehmungen als in seiner Neigung zum Homogenisieren verschiedener Erlebnissphären, und analog ist das spezifisch Abstrakte der Kunst nicht so sehr jenes Weglassen von Strichen (Liebermann), Tönen usw., als vielmehr ein grundsätzlicheres Abstrahieren: von synästhetischen Qualitäten nämlich. Die starke Gefühlsaura des Kitsches steht der gewissen Stimmungskälte, Herbheit, ja Sprödigkeit des Kunstwerks gegenüber. Und das ›Schöne‹ des Kitsches, seine auf den Leib rückende Beglückung, steht der transzendierenden Schönheit des Kunstwerks radikal gegenüber (»ein Versprechen von Glück«, so Stendhal und Nietzsche).

Allein, dieser Zusammenhang ist noch nicht entscheidendes Kriterium, um Kitsch von Kunst unterscheiden zu können. Synästhetische Gebilde sind als solche noch keineswegs Kitsch, sowenig die Stimmung allein schon kitschig ist. Vielmehr bedarf es einer näheren Kennzeichnung der spezifisch kitschigen Stimmung. Ganz allgemein gesprochen ist es die oft betonte *›Unwahrhaftigkeit‹ des kitschigen Gefühls*. Aber was heißt das? Es handelt sich um jenes schwierige Problem, das André Gide im »Journal des Faux-Monnayeurs« auch aufwirft: Welchen Unterschied gibt es zwischen einem gewollten und einem empfundenen Gefühl? Die Hingabe an kitschige Gefühle (Stimmungen) ist ein ambivalentes Spiel von Willen und Empfindung des Gefühls. Insofern verwandt der Unwahrhaftigkeit der Hysterischen.

Stimmung als ein das ganze Erleben tragendes Lebensgefühl, als Grundbefindlichkeit, ist als geradezu gewollte, induzierte nahezu unmöglich. Des Menschen faktische Ungestimmtheit im Alltag, Langeweile, besorgte Unruhe, Zer-streuung in einem anarchischen Chaos von unzusammenhängenden Weltbezügen – dies weckt in ihm eine »nostalgie d'unité«, wie Camus sehr schön sagt. Künstlich jedoch vermag man sich in Stimmung hineinzusteigern, also Stimmung zu erzeugen, sei es durch erinnernde Vergegenwärtigung eines gehabten Gestimmtseins (Vergangenheit als solche ist infolge der homogenisierenden Funktion des Gedächtnisses eo ipso eine

Art Panorama-Stimmung), sei es durch Narkotika aller Art, wie Alkohol, oder Stimmungsmache durch eigens dafür arbeitende Gewerbe und Industrien. Das scheinbar Unmögliche wird möglich: Grundbefindlichkeiten mit Hilfe geeigneter Techniken ad libitum zu *erzeugen*. Wir sprechen noch nicht vom Kitsch, wohl aber von seiner unwahrhaftigen Grundlage. Denn jenes anthropologisch so wichtige Schamgefühl des Menschen, das sich schon jeder echten Stimmung beigesellt und sie als – wenn auch verschieden stark empfundenen – Mangel, als Versagen, Passivität, Benommenheit, Ausgeliefertsein u. ä. vergegenwärtigt –, dieses Schamgefühl wird erst recht bei induzierten Gefühlen und Stimmungen zur Stelle sein. (Eine religiöse Variante dieser Scham ist der antiästhetische Zug bei Augustinus, dessen Purismus erst durch seine fundamentalanthropologische Lehre von der concupiscentia und ihrer wesentlichen Unfreiheit philosophisch relevant wird.) Stimmung bzw. Gestimmtheit ist als fundamentaler Bann des gesamten Erlebens eben nicht bloß beglückende Einheit von Ich und Welt, sondern gleichzeitig Index der Geworfenheit (Heidegger) des menschlichen Daseins. Die mögliche Freiheit der Existenz sträubt sich immer irgendwie gegen die Auslieferung an – selbst noch als Beseligung – fixierende Befindlichkeiten.

Und hier ist die *spezifische Schamlosigkeit des Kitsches* evident zu machen. Nicht die zufällige erotische Assoziation einer Kitschpostkarte macht den Kitsch so wesentlich schamlos, sondern eine fundamentale Schamlosigkeit, die unzüchtig die *heikle Freiheitsdialektik des Menschenwesens negiert*. Analoges war auch zu den vielberufenen weiteren Prädikaten des Kitsches, wie Süßlichkeit, Billigkeit, Flachheit, Dumpfheit, Aufdringlichkeit usw., zu sagen. All diese Charakteristika gründen in der prinzipiellen Unwahrhaftigkeit des Kitsches. Und insofern ist die zunächst so barbarisch-theologisch anmutende Herleitung des Kitsches vom ›Vater der Lüge‹, nämlich dem Satan, bzw. von der Erbsündenlehre, wie wir sie bei dem katholischen Moraltheologen Egenter fanden, viel belangloser als die am objektiven Vergleichen interessierte Kitschanalyse vieler Kunsthistoriker. Die bloße Beschreibung von ästhetischen Mängeln, wie sie sich aus dem Vergleichen so ergibt, verzichtet nämlich auf die Frage nach der Bedingung der Möglichkeit des Kitsches, während die theoloische Fragestellung diese Bedingung gerade sehr tief sucht: nämlich im (erbsündigen) Wesen des Menschen selber.

Wenn *Kitsch* demnach als *menschliche Möglichkeit* begriffen wird und nicht bloß als ein mangelhaftes, quasi-künstlerisches Erzeugnis, dann werden seine Merkmale sich quer durch die gesamten Dokumentationen des Menschen namhaft machen lassen. Es gibt nicht nur kitschige Quasikunst, sondern auch kitschiges Verhalten, Sichbefinden, kurzum Leben, das kitschige Züge trägt. Der Terminus Kitsch, der aus der Sphäre der Malerei stammen soll – jene billigen Erinnerungspostkarten, die sketches, standen wohl etymologisch Pate –, konnte ja deswegen so schnell auch auf andere Bereiche ausgedehnt werden, weil das Kitschige nicht etwa ein bloß technischer Mangel ist, vielmehr eine Struktureinheit menschlichen Erlebens überhaupt. Ästhetische Qualifikation wird Kitsch deshalb, weil es sich um Niederschlag bzw. Anlaß solch kitschigen Erlebens dabei handeln muß. Leben mit kitschigen Zügen wird Kitsch erst in seiner (Selbst-)Darstellung; aus ästhetischer Distanz, die ich einnehmen kann, wird mich beispielsweise die karitative Geste des Staatsmannes kitschig anmuten, und zwar weil ich sie sehe, ›als ob‹ sie sich selber darstellte, zum Genuß anböte: Kitsch ist also Darstellung eines Kitschigen, seine Objektivation im Ästhetischen.

Indes, auch solche Objektivation ist im primären kitschigen Erleben schon angelegt. Denn auf unecht-spielerische Weise goutiert sich das kitschige Erleben selber, halb distanziert, halb eingenommen von sich. Eine gewisse Distanz, die sich als echte ästhetische Distanz mißverstehen will, hat etwa die Sentimentalität stets sich selbst gegenüber, weil sie ja kein totales Gefühl ist: ein »Gefühlchen« (Nietzsche) wird nicht nur gefühlt, sondern, auf ästhetisch kokette Weise, noch genossen. Dieser Selbstgenuß setzt eine, eben nur gewisse, Distanzierung voraus, die wiederum nicht ganz ernstgenommen wird. Der Niederschlag solchen primären Erlebens ist Kitsch, genauer: Der Kitsch will im Nachvollziehenden solches Erleben erzeugen.

Das kann grundsätzlich auf zweifache Weise geschehen: Darstellung des kitschig Erlebenden selber – zum Beispiel die unzähligen Karten mit tränenfeuchten Mädchenantlitzen, auch Iphigenien, büßenden Magdalenen usw. – oder Darstellung des kitschig Erlebten. Oft verbindet sich beides, um desto sicherer die gewünschte Wirkung zu erzielen.

4

Was Kunst also vorwiegend vom Kitsch unterscheidet, ist ihre *Transzendenz* oder ihre *Überwindung des Kitschigen als latenter menschlicher Möglichkeit.* Mag diese Transzendenz auch keine hinreichende Kennzeichnung von Kunst sein – aus hier nicht weiter explizierbaren Gründen läßt sich überhaupt nicht bestimmen, was Kunst ist –, zur Wesensbestimmung des Kitsches leistet dieser Hinweis auf den transzendierenden Zug des Kunstwerks und des Kunsterlebens gute Dienste. Kunst als spezifische Überwindung des latenten Kitsches läßt eine ganze Reihe von Phänomenen begreifen, die als ›Hinfälligkeit des Schönen‹ in den Blick kommen können: die bekannte Frage nach der ›Materialechtheit‹ oder auch die weniger bekannte Frage nach dem Verhältnis von Kitsch und Kunst in unserer Zeit. Zum ersteren: Kitsch ist *materialunecht* nicht erst dadurch, daß beispielsweise statt Marmor Gips verwendet wird, vielmehr ist auch das ›lebendige Bild‹, wo Menschen Menschen darstellen, kitschig, wenn die transzendierende Wertbezogenzeit des lebendigen Sinnbildes ästhetisch nicht gewährleistet wird, da gerade das *allzu echte* Material sich als Selbstzweck in den Vordergrund drängt! Das ästhetisch ›Billige‹ ist nicht unbedingt auch ökonomisch Talmi. (Rita Hayworth' Statue, im Sande Kaliforniens für die nächsten Jahrtausende vergraben, bleibt auch in reinem Gold Kitsch.) Das Problem der kitschigen Reproduktion in unechtem Material war uns eines der ästhetisch aufschlußreichsten, es zeigte nämlich eben die erwähnte Überwindungstendenz der Kunst deutlich an. Denn in der *kitschigen Reproduktion* wird eben jenes *Überwindungsmoment wegretuschiert,* und der Rest ist der Kitsch. So entstehen gerade heute, im Zuge der Popularisierung der klassischen Kunstwerke, besonders in Amerika, unzählige Kitsch-›Werke‹ dadurch, daß in bekömmlicher Reduzierung – als Film, als Story usw. – Kunstwerke ausgerechnet um ihre künstlerische

Pointe verkürzt werden. Und das Ergebnis ist ungewöhnlich ›reiner‹ Kitsch.

Damit ist eine weitere Frage erreicht, die Frage nach dem Verhältnis von *Kitsch und Kunst* in der Gegenwart. Wir haben zwar angedeutet, wie Kitsch und Massenpsyche zusammenhängen, wie Industrie und Massenkitsch ein ernstes kultursoziologisches Problem darstellen, aber es gilt auch die andere Seite zu sehen, nämlich die des heutigen Künstlers. Vor allem die *Literaturentwicklung* unserer Tage wollen wir nach dem Überwindungskoeffizienten befragen, der in ihr zum Ausdruck kommt. Das soll heißen: Inwieweit ist sie Überwindung des latenten Kitsches? Inwieweit teilt sie mit den anderen Künsten nur die polemische Haltung und riskiert gar nichts?

Aufschlußreich ist in diesem Zusammenhang die faktische Abneigung des schreibenden Zeitgenossen, sich *Dichter* zu nennen. Er ist bewußt ›nur *Schriftsteller*‹. Drückt sich darin bloß Bescheidenheit aus oder nicht vielmehr ein – wenn auch unreflektierter – böser Blick gegen das Geschäft des Dichters? Schon bei den *Naturalisten* (Arno Holz) und *Expressionisten* (Sturm-Kreis) dokumentierte die merkwürdig gleichlautende Kritik an Heine und Goethe einen Affekt gegen die Unwahrhaftigkeit des Dichtens im alten Stil. Es geht auch hier nicht um bloße Technik – mag diese auch noch so eingehend erörtert werden –, sondern um jenes »Nur Narr, nur Dichter« Nietzsches und, wenn man will, schon Platos. Und ist es nicht merkwürdig, daß die Kritik am Dichter so häufig die (unfreiwillige) Kitschwirkung der Dichtung älteren Stils ins Feld führt? Das Pathos fürs echte, wahrhaftige, wirkliche Leben und Erleben überschreit den unnatürlichen und künstlichen ›Dichter‹-Ton, dessen schöner Schein – oft recht heiser – als glatte Lüge an den Pranger gestellt wird. Auch die *antinaturalistischen* Bewegungen teilen die Opposition gegen die Lebensfremdheit, gegen die Unwirklichkeit des Dichtens. Das Schöne will als Lebensmacht wirken. Dichter bilden ›Kreise‹ um sich, wollen am Gegenwärtigen und Zukünftigen ›schaffen‹, zuweilen sogar cäsarisch, mindestens aber gesetzgeberisch Schicksal sein. Littérature engagée ist fürwahr keine Erfindung Sartres. Allein, wie unglaubhaft erscheint schon uns Heutigen diese vermeintliche Aktualität des Dichters.

Die ›Elite‹ – soziologisch heute übrigens viel ungriffiger als die anonyme ›Masse‹ – glaubt selber nicht mehr an den Dichter. Und der ›Schriftsteller‹ hält sich nicht für einen Künstler, der das Schöne zu sagen hätte. Ja, es ist wie eine heimtückische Rache des Zeitgeistes, daß sogar die Klagen über den Verlust des Schönen aus prominentestem Munde dem heutigen Ohr zu oft leicht edelkitschig klingen. Große Namen könnten genannt werden, aber es sind keine Zeitgenossen, wenn sie auch heute noch leben.

Trägt den Schriftsteller überhaupt noch so etwas wie ein betontes künstlerisches Selbstbewußtsein? Und wie verhält er sich zum Kitschbedürfnis der Massen? Nun, vom Schönen gibt es einen Weg auch zur Masse, vom heutigen Schriftseller, der für Schriftsteller schreibt, nicht. Der Schriftsteller, gleichgültig welchem Ismus zugetan, will heute aussagen, die Zeit, das Leben, den Menschen deuten. Allein: unter bewußter Umgehung der Risikozone des Schönen. (Wie noire ist heute auch unsere littérature rose). So charakterisiert unsere Kulturzeitschriften ein eigentümliches Hand-in-Hand von Schriftsteller-Essays und Kulturphilosophen-Abhandlungen. Der vielberufene Tiefgang der Aussage ist zu einer literarkritischen Kategorie geworden, und umgekehrt werden in der Literatur immer stärkere Impulse von seiten der ästhetisch neutralsten Sphäre wirksam (Philosophie, Psychoanalyse, Existentialismus, Weltanschauungen). So *riskiert* also der Schriftsteller *weder das Schöne noch den Kitsch*. Er ist nicht der Künstler, der den Kitsch überwindet, vielmehr er kommt gar nicht erst in jene Bewußtseinslage, da er ihn riskieren könnte.

Es ist selbstverständlich, daß wir hierbei nicht von der breiten Konsumliteratur sprechen, die erotischen, religiösen, politischen u. a. Kitsch bewußt erzeugt. Zwischen dieser Konsumliteratur und dem repräsentativen – was repräsentierenden? – Schrifftum unserer Tage besteht eine weite Kluft. Nicht so sehr im Technischen, denn bekanntlich profitiert die Darstellungstechnik der Elite weitgehend von den massentümlichen Reportern, vom technischen Vokabular, von der Filmtechnik (Montage, Schnitt, Überblendung usw.). Was den Unterschied ausmacht – wenn auch nicht allein –, das ist am ehesten noch von der ganz verschiedenen Rolle der Stimmung aus zu beleuchten. Während die breite Masse vor allem (möglichst ohne Engagement) gestimmt werden will, und das auf dem bequemsten und schnellsten Wege, vermeidet der zeitgenössische Schriftsteller fast methodisch die Erlebnisregion der saturierten Stimmungen. Auch wenn er sie gelegentlich streift, so hebt er sie doch in der stimmungslosen Gesamtbewegung wieder auf. Und wenn er sie in Gedichten scheinbar geradezu beschwört, so nur deshalb, weil sie ihm als transistorische Momente gegenwärtig sind. Er steht außerhalb ihrer.

Freilich, man kann aus verschiedenen Gründen auch die *Ungestimmtheit* als Stimmung bezeichnen. Dies ist eine mehr oder weniger terminologische Frage. Aber kennzeichnend bleibt doch die Tatsache, daß ebenjene stimmungslosen Stimmungen, wie Angst, Langeweile, Ekel (im weiten Sinne der Sartreschen nausée), die Affekte der Panik, des Entsetzens, des Schreckens usw. an die Stelle der harmonischen, Ich und Welt harmonisierenden Stimmungen treten. Auch ohne direktes Beschwören werden diese ›*stimmungslosen Stimmungen*‹ vergegenwärtigt, sehr oft durch ausgesprochen kitschige Stimmungen, die indessen hier keineswegs, wie im *Kitsch*, Selbstzweck sind, sondern gerade die *umgekehrte Funktion* haben: Widerwillen gegen Gestimmtheit überhaupt zu provozieren. Hier liegt eine viel differenziertere Bewußtseinsverfassung vor als beim primitiveren Kitschbedürfnis. Die Stimmungsdichte ist da also kein Zeichen von Ansässigkeit, sondern etwas bewußt Vorläufiges im Zuge einer *Fluchtbewegung*. Diese fahle Ungestimmtheit meinen wir noch bei den ›lyrischsten‹ Rilkegedichten als tragenden Unterton vernehmen zu können. (Nicht so beim Rilkeaner, der so oft nur in den kritischen Vordergrund verliebt bleibt.) Ein weiteres Merkmal *dieser* – nur transitorischen – ›Stimmungen‹ ist, daß sie gewohnlich etwas eigentümlich Verbeultes haben, akustisch gesprochen keinen schwingenden Hall. Daher beklemmen sie. Trotz ihrer Dichte besitzen sie nicht den einschmelzenden Sog kosmischer Stimmungen, sondern bedrücken, wenn man sich ihrer Immanenz preisgibt. Das Ergebnis für den Nachvollziehenden ist also weder jenes klassische Ausschwingen der gestimmten Seele noch die mikrokosmische Behaglichkeit der Kitschigen und ihrer Hausmacher-Stimmung, sondern ein bezeichnendes Drittes: ein, wie man zu sagen versucht ist, geradezu *kosmisches Unwohlsein*, ein metaphysisches Katergefühl, das mit ›Elegie‹ sehr unzutreffend charakterisiert wäre.

Ästhetisch-psychologisch könnte man den vielberufenen ›Nihilismus‹ unserer Literatur besser von dieser *Un- bzw. Anti-Stimmung* fassen als vom »Verlust der Mitte«, von »Gott ist tot« und dergleichen mehr. Es fehlt heute eben jene Art kosmischer Gemütlichkeit glücklicherer Epochen, denen Stimmungen glaubhaftere Enthüllungen des Seins waren als uns.

Nicht nur in der zeitgenössischen Philosophie, vielmehr auch in der Literatur scheint die Auffassung zu herrschen, daß erst in der Ungestimmtheit menschliches Dasein sich unverhüllt zeige. Ob man nun solche Ungestimmtheit geadezu als Grundstimmung bezeichnet, ändert nichts am Sachverhalt. Allein, es wird ein wichtiger Aspekt noch zu wenig beachtet: daß nämlich die *Angst*, die vielzitierte, nicht bloße Ungestimmtheit ist, sondern die Beklemmung, wie sie sich beim *Stimmungsentzug, beim Kollabieren des Gestimmtseins* in der Welt einstellt. Angst ist eine Art Erregungszustand beim Aussetzen von Stimmung überhaupt. Das ist die bloße Furcht nicht. Furcht ist – literarisch betrachtet – ein Mittel zur Erzeugung von Spannung, Angst dagegen macht beklommen. Mit Furcht kann man sich innerhalb der Welt zurechtfinden, ihrem Feinseligkeitskoeffizienten Rechnung tragen, Angst jedoch stellt den eingespielten Weltbezug grundsätzlich in Frage, macht ihn im weitesten Sinne problematisch. Angst ist keine Befindlichkeit mehr, sondern beklemmende Un-befindlichkeit. Es scheint überflüssig, den Angstcharakter der zeitgenössischen Literatur im einzelnen belegen zu wollen. Dagegen verdient in unserem Zusammenhang ein Randphänomen Erwähnung: das feuilletonistische Mißverständnis der Angst als Furcht, als ob es bloß um zeitgeschichtliche Reaktionen ginge, um die Atombombe, um Ost und West, um notwendige Restaurationen des religiösen Lebens usw. Dieses Mißverständnis verfälscht den Charakter unserer Literatur auf Grund eines Dogmas: daß nämlich Literatur, wie Kunst überhaupt, von einem (dem Kulturfeuilletonisten durchaus einsichtigen) ›Zeitgeist‹ zu künden habe und gleichzeitig auch ›positive Lösungen‹ bieten müsse. (Da man ›das Problem der Zeit‹ ja kenne, sei die Lösung forsch zu finden.) Wäre die Literatur tatsächlich bloße

Furchtreaktion, dann hätte solche Argumentation recht. Aber es gibt zu denken, daß die im kulturfeuilletonistischen Sinne ›positivsten‹ Schriftsteller die mäßigsten sind, es sei denn, man verfälscht die – mit Majuskeln zu schreibende – ANGST-Literatur in zeitgemäße Anweisung zum praktischen Leben im weiß Gott bedrohten Zeitalter.

Doch der extremste Antipode zur Literatur der Elite ist wie gesagt das *Kitschbedürfnis* der Massen. Es ist nicht die sogenannte Unbildung des Publikumsgeschmacks, die unsere *führende Literatur unzugänglich* macht. Allein der Hinweis auf die heute oft schon zur Manie werdende ›Metaphysik des Banalen‹ mit ihrer bewußt trivialen Sprache – es sei nicht nur die »Gruppe 47« gemeint – entkräftet den Einwand, die Schriftsteller schrieben zu ›hoch‹. Es ist vielmehr jene charakterisierte polemische Haltung der Modernen. Polemisch nämlich in Sinne der *Antistimmung*, der *metaphysischen Unbehaglichkeit*. Das stößt die Massen auf den primitivsten Kitsch zurück, manche ›Gebildete‹ auf den Edelkitsch bzw. die mit kitschhaftem Auge gesehenen Großen der Vergangenheit. Vermittelnde Gruppen gibt es heute freilich auch. Man kann zum Exempel schreiben wie Goethe, dichten wie Schiller. Doch wenn dies ein Thomas Mann tut, so ist ihm dabei durchaus modern zumute: Als Artist und Ironiker bedient er sich des ›Stils‹, geht also nicht in ihm auf, ja, man goutiert als Leser die gekonnte Persiflage. Zeitbloms gepflegter Humanistenjargon und Felix Krulls Hochstapler›stil‹ sind sehr verwandt. Natürlich kann man Mann auch lesen wie ›seinen Goethe‹, aber dann hat man ihn substantiell verfälscht. Mag sein, daß solche Verfälschungsmöglichkeiten noch einigen zeitgenössischen Schriftstellern zu einer mäßigen Breitenwirkung verhelfen – das widerlegt jedoch nicht die Existenz der *faktischen* Kluft, wie sie unsere Gegenwart kennzeichnet (geschrieben 1953).

Neben diesen Bemerkungen über die Situation der Literatur scheint das Problem des Kitsches in unserer Zeit einseitig auf jene soziologische Tatsache ›Masse‹ abgewälzt worden zu sein. Aber gerade die phänomenologischen Untersuchungen über den Kitsch, die noch ausstehen, könnten aufzeigen, wie dialektisch das Kitsch-Kunst-Verhältnis noch bis Ende des 19. Jahrhunderts gewesen ist, im Gegensatz zur starren ›polemischen‹ Kunst. Ferner: Eine Soziologie des Kitsches könnte – nicht zuletzt am Phänomen des Edelkitsches – nachweisen, daß *Masse* nicht nur ein soziologisches Gebilde ist, sondern, wie schon Ortega y Gasset in seinem »Aufstand der Massen« sagte, eine *»menschliche Kategorie«*.

Der »Kitsch-Mensch« als Tourist[1]

Allgemeines

Hermann Brochs kulturphilosophische – und nicht bloß soziologische oder ästhetische – Sprechweise vom *»Kitschmenschen«* erscheint vielen seiner Kritiker als zu prinzipiell, zu allgemein, um damit in concreto Analysen kitschiger Objekte durchführen zu können. Wieviel einfacher ist es demgegenüber, evident geschmacklose, künstlerisch mißglückte Massenwaren amüsiert oder verärgert zu präsentieren und wegen ihrer Mängel zu tadeln! Es gibt zahlreiche Alben und Anthologien, die der ›Abreaktion‹ solchen Unmuts dienen. Die Kommentare – falls man es nicht bei neckischen Glossierungen bewenden läßt – sind in der Regel am Kitsch-*Objekt* orientiert: a) *ästhetisch* wird vor allem eine Gegenüberstellung von Kitsch und Kunst versucht, mit dem Resultat: Kitsch ist schlechter Geschmack; Kitsch ist dilettantisch; ferner: unoriginell, d. h. konventionell; überhäuft von Reizqualitäten primitivster Art, rührselig, oberflächlich … Es ist überflüssig, Titel zu nennen, denn die keineswegs überraschende Schlußpointe solcher kommentierter Sammlungen lautet: Kitsch sei eben nicht Kunst. Akademische Kunsthistoriker fügen solchen – teils neckisch-euphorischen, teils schöngeistig-pädagogischen, also ›kulturdepressiven‹ (›ernsten‹?) – Dokumentationen plus Kommentaren oft gelehrte Informationen über die Geschichte des Kitsches hinzu: z. B. über den antiken Kitsch (etwa hellenistische Miniaturen, mittelalterliche Votiv-Bilder u. ä.), wobei sich die Relativität des Geschmackes im Laufe der Zeiten und Kulturkreise als ernsthaftes

1 Mit freundlicher Genehmigung der Verlegerin entnommen: Gillo Dorfles, »Il Kitsch. Antologia del cattivo gusto«. G. Mazzotta Milano 1968, S. 155–174 (deutsche Ausgabe: Wasmuth Tübingen 1969, S. 156–172).

Handicap einstellt: Wo und wann beginnt der Kitsch? Zwei extreme Positionen seien hier genannt: Kitsch gab es immer – oder: Kitsch beginnt in der 2. Hälfte des 19. Jahrhunderts (vulgarisierte Romantik plus Emanzipation des Kleinbürgertums). Damit stehen wir eigentlich schon bei den b) *soziologischen* Fragestellungen; etwa mit dem Problem: Ist Kitsch nicht Charakteristikum aller Massenzeitalter, begonnen beim Alexandrinismus in der Antike, dem römischen Hellenismus bis zum »eindimensionalen Menschen« des mittleren 20. Jahrhunderts? Welche Zusammenhänge gibt es zwischen der Industrialisierung, dem Kapitalismus und der Verwandlung des Menschen in einen totalen Konsumenten auf der einen und dem Kitschboom auf der anderen Seite? (Reproduzierbarkeit von kitschigen Massenwaren wird grenzenlos möglich; der »Aufstand der Massen« à la Ortega y Gasset entfesselt auch den Massengeschmack; kulturtragende Eliten haben die Verbindung zum Publikum verloren, daher ist die Kluft zwischen den ›esoterischen‹ modernen ›Ismen‹ und dem breiten Publikumsgeschmack meist unüberbrückbar usw.) In diesem Zusammenhang versuchen Kultursoziologen auch das neue (»circenses?«...) durch Rationalisierung und Automatisierung akute Problem der Massenfreizeit (D. Riesman: Lonely Crowd) geltend zu machen. Auch unser Titel-Problem käme dabei in Sicht: Bedingt der Massen-Tourismus mit seinen überwältigenden Rekordzahlen (1966: rund 128 Millionen Touristen; 1965: Gesamtausgaben im Welttouristenverkehr: 57,3 Milliarden US-$!) nicht eine zwangsläufige Kitsch-Explosion planetarischen Ausmaßes? (Vgl. den »UNESCO-Kurier« 1966, Nr. 2)

Zahlen, Statistiken, Dokumentationen – kurzum ›facts‹ – haben etwas Unwiderlegliches, Massives: Und dennoch lassen sie uns im Stich, wenn wir aus guten altmodischen Gründen nach dem *Wesen des Kitsches* fragen! Denn, um zu unserer Ausgangsfrage nach dem »Kitschmenschen« zurückzukehren, noch so runde Zahlen und noch so massenhafte Kitsch-Dokumentationen setzen ja voraus, daß man sich über das Wesen des Kitsch-Phänomens bereits einig wäre! Und das ist nicht der Fall. Ad a) *ästhetisch* betrachtet ist z. B. Kitsch keineswegs alles, was an »Schund, namentlich... Bildern« (Friedrich Kluge, Etymologisches Wörterbuch der deutschen Sprache, 1960) vorliegt: 1) ist Kitsch längst über die bloß optische Sphäre hinausgedrungen (z. B. Schlager, Literatur etc.); 2) gibt es viel »Schund«, der gar nicht kitschig zu sein braucht, sondern bloß ungekonnt, mißglückt ist; 3) die spezifisch kitschige Qualität erhält ein Produkt erst durch eine charakteristische Penetranz, die mit »technischer Ungekonntheit« nichts zu tun hat. Umgekehrt gibt es das leider viel zuwenig beachtete *kitschige* Aneignen von Kunstwerken durch das kritische Bewußtsein des genießenden Subjekts; ebenso übrigens auch das nicht minder interessante *künstlerische* Integrieren eines kitschigen Objekts durch einen großen Künstler (klassisches Beispiel: Franz Schuberts Zyklus »Die schöne Müllerin«, op. 25, dessen Textvorlage von Wilhelm Müller um 1820 als bewußte Kitsch-Parodie ›gedichtet‹ worden war, um die romantisch-biedermeierliche »Dichtung im Volkston« lächerlich zu machen! s. z. B. Ludwig Kusche, Franz Schubert, S. 36 ff.). Wir können zwar diese drei genannten Punkte aus Bequemlichkeit ignorieren, aber damit riskieren wir gerade, ›objektiv‹ zu scheitern: nämlich über eine scheinbar fixe ›Tatsache‹ zu sprechen (weil wir ein Bild gezeigt oder eine Zahl genannt haben), tatsächlich aber gerade das ›Objekt‹ unserer Analyse gar nicht zu treffen, sondern einen vagen Wechselbalg! Ad b) *soziologisch* kommen uns zweifellos wichtige Phänomene in den Blick (z. B. betreffend Klassenbildungen, Industrialisierung, Konsumgesellschaft, Freizeit der Massen, Kommunikationsmittel usw.). Aber die Grenze dieser Betrachtungsweise liegt genau dort, wo unser Problem beginnt: bei der *Wesens*frage. Denn die soziologischen Bedingungen des Auftauchens eines Phänomens sagen noch nichts über dessen Wesen, oder gar Wert, aus. Heinrich Heine spottet einmal – methodologisch recht tiefsinnig – darüber, daß man meine, einen Vogel zu kennen, wenn man das Ei kenne, aus dem er gekrochen. Sprechen wir konkreter: Gibt es überhaupt Kitsch für Kinder? (und ab wann?) Ist einer sog. ›Masse‹, die überhaupt noch kein Bewußtsein von Kunst hat, ohne weiteres ein Kitschbewußtsein zu unterstellen? (und wenn ja, ab welcher Stufe?) Genießt der sentimentale ›gebildete‹ Kunstfreund und -kenner nicht eigentlich Kitsch, wenn er – wie so oft – Kunst zum Anlaß gerührten Selbstgenusses degradiert? Solche Fragen, die beliebig zu ergänzen wären, sind ernst zu nehmen, weil sie die prinzipielle Grenze aller sog. »objektiven« (de facto aber die Wesensfrage *ignorierenden*), am puren Gegenstand als solchem orientierten Methode deutlich machen.

Vielleicht ermessen wir nun den Vorzug einer scheinbar allzu prinzipiellen Betrachtungsweise, die z. B. vom »Kitschmenschen« spricht und nicht kitschige Postkarten, Sofakissen und Souvenirs (›wissenschaftlich‹) sammelt und katalogisiert?! Man kann sehr wohl – wie z. B. der Vf. selbst – einen anderen Geschmack haben als Hermann Broch bzw. dessen Wertphilosophie in vielen Punkten kritisieren; dennoch ist der Vorzug von Brochs »Kitschmenschen« evident, selbst wenn er bloß als methodologische Reizthese dienen sollte. Denn der ›challenge‹ Kitschmensch will vor allem jene Dimension treffen, wo über ›Kitsch‹ entschieden wird: nämlich das menschliche *Leben und Erleben*. Mit anderen Worten: Es geht um die Analyse *des Kitsch-Bewußtseins*, das ja auch letzten Endes darüber befindet, ob etwas kitschig sei oder nicht.

Nehmen wir als Beispiel den Touristen, wie im Titel angekündigt, dann heißt dies: Es wird uns darauf ankommen zu zeigen, welche spezifischen Möglichkeiten das touristische Leben für den »Kitschmenschen« (sprich: Kitsch-*Bewußtsein*, oder weniger glücklich: die ›Kitsch-Schicht‹) evoziert oder provoziert. Man versteht, daß hier von »Kitschmensch« im Sinne einer spezifischen Disposition des Menschen gesprochen wird, die bereit ist, Kitsch zu produzieren oder zu genießen. Bewußt sprechen wir hier von *Möglichkeiten* des »Kitschmenschen«, weil Tourismus – primär wertindifferent – gerade auch *Anti*-Kitsch-Reaktionen auslösen kann: z. B. kann das Erlebnis des Fremden (›Exotismus‹) so übermächtig sein, daß die latente Kitschbedürftigkeit des Touristen (selbstgenießerische privacy, Diminutiv-Gefühle am heimatlichen Herd, das Familiarisieren alles Begegnenden ins Gemütliche und Behagliche) geradezu aufgehoben würde. (Klassisches Paradebeispiel: die entsentimentalisierende Wirkung der 1. Italienreise Goethes.) Wir tun überhaupt gut daran, das moderne Phänomen des Tourismus (einer spezifischen Freizeitgestaltung des modernen Menschen, der seinen Urlaub, seine Ferien in der ›Fremde‹ verbringt, meist unter sehr zahlreichen Menschen ›seinesgleichen‹) deutlich abzuheben von früheren ›Kuren‹ (aus Gesundheitsgründen, bei physischer Insuffizienz), Bildungsreisen (mehr oder weniger zielgerichtete Studienreisen mit besonderem Arbeitsprogramm), ebenso auch von abenteuerlichen Reisen einzelner (Kitschgenuß und Abenteuer schließen sich aus: Erst der ›ästhetische‹, d. h. literarische Niederschlag des Abenteuers kann kitschig sein, bes. 18. Jahrhundert, z. B. Robinson und die unzähligen Epigonen Defoes!). Der moderne Tourismus als organisierter Massenverkehr (organisiert ist schon die Freizeit selbst, dann die Reisebedingungen, der Aufenthaltsort mit seinen Erlebnismöglichkeiten usw.) nivelliert und kollektiviert die Bewußtseinslage des Reisenden und reduziert die oben erwähnte Möglichkeit, sich kitschigen Erlebnissen zu *entziehen*, auf nahezu systematische Weise. Studiert man die internationalen Werbeprospekte, also das ›Erlebnis-Angebot‹, so zeigt sich eindeutig, daß eigentlich der »Kitschmensch« im Touristen angesprochen wird. Phänomenologisch interessant ist hierbei, daß die Werbung den latenten Zusammenhang von Kitschbereitschaft und Tourismus als ›gegeben‹ voraussetzt. Ebenso tragen die am Urlaubsort bereitgestellten allgemein-›atmosphärischen‹ als auch speziell-dinglichen Angebote dem Kitschkonsumenten – oft mit höchstem ökonomischen Aufwand – Rechnung. Damit sind wir bei unserem Thema. Dabei kommt es uns weniger auf die Vollständigkeit bei der Aufzählung des Kitschangebotes an als auf den prinzipielleren Sachverhalt der *Affinität von Kitschmensch und Tourismus*. Aus dieser Affinität lassen sich zwanglos die im Grunde recht ›homogenen‹ (auch international stark angeglichenen) kitschigen Reizobjekte und atmosphärischen »Urlaubswelten« verstehen. Unser Ausgangspunkt ist also ein *anthropologischer*, d. h., wir fragen zunächst und vor allem nach dem *Menschen* als der Voraussetzung allen kitschigen Drums und Drans...

I

Motto:
»Der beste Beweis für die Jämmerlichkeit des Daseins ergibt sich aus der Betrachtung seiner Herrlichkeiten...«
S. Kierkegaard

Daseinsanalytisch betrachtet ist der Mensch als Tourist unserer Tage nur *ein* besonders aufschlußreicher und auffallender Sachverhalt jenes *»divertissements«*, mit Pascal zu sprechen, das einen Grundzug unserer Existenz darstellt: also eine Fluchtbewegung, weg von der wirklichen ›condition d'être‹ mit ihrer faktischen Ungeborgenheit, die sich als Angst, Langeweile, Sorge im Alltag nur schlecht unterdrücken (›verdrängen‹) läßt. Die ältesten Paradies-Vorstellungen (sei es als vorgeschichtliche, sei es als – eschatologische – nachgeschichtliche Glücksprojektionen der Menschheit) und die säkularisierten »sauren Wochen, frohen Feste« (Goethe) gehören *vor* aller soziologischen und ästhetischen Fragestellung (betreffend Massendasein, Kitsch, Tourismus) mit zur *fundamentalen Unruhe des Menschen,* wie sie sich seit den ältesten Zeiten als ›Vertreibung aus dem Paradies‹, als ›Wanderung‹, als ›Reise‹ (z. B. als Schiffsreise schon beim hl. Augustinus, De beata vita), als Zwischenexistenz (»zwischen Tier und Engel«), als »gemina natura« usw. artikuliert. Das – zunächst – religiös apostrophierte »Wissen« um das Abnorme der mühseligen Normalität (Arbeit »im Schweiße des Angesichts« trotz »Distel und Dornen« ist ebenso ein Fluch wie die – zum Normalbestand des Menschengeschlechts gehörige – Geburt »mit Schmerzen«!) ist noch in den bewußt atheistischen Sozialutopien unserer Tage (klassenlose Gesellschaft«!) zur Stelle (»Proletarier« sind noch beim nüchternsten Marxisten nicht frei von der emotionalen Aura der »Mühseligen und Beladenen«!). »Ewige Stadt« (Civitas Dei), ewiger Friede, Erlösung – alles uralte Projektionen des »Prinzips Hoffnung« (Bloch) – entsprechen dem ›Wissen‹, daß unsere faktische »condition humaine« transitorisch sei.

Solche Reminiszenzen sind, bei aller Trivialität, für unsere Aufgabe – der Kitschmensch als Tourist – nicht überflüssig. Denn

E. Bloch wie H. Broch sind sich darin einig, daß die großen Menschheits-Sehnsüchte und Hoffnungen, sobald sie ihren Unendlichkeitsduktus verlieren durch voreiligen Zugriff, in ihrer vorgegaukelten Vorhandenheit (als ob man »es schon hätte«, vgl. Paulus im Philipperbrief 3,12 ff.) den Menschen zu einem Lebenslügner machen. »Da wird der unendliche Akt des ethischen Strebens mit einem Male abgestoppt, wird die unendliche ethische Forderung herabgedrückt zu einem Kochrezept« (H. Broch). Sozialistische Dogmatiker, religiöse Schwärmer, fromme abergläubische Fetischisten (schon die Kreuzritter!) – ebenso aber auch Touristen-*Paradiese* (der häufigste Topos in der internationalen Reklame!) sind anthropologisch verwandte Phänomene. Und es ist nicht erstaunlich, daß auch die ästhetischen Objektivationen (eben der Kitsch) solchen »gestoppten« Unendlichkeitsduktus sich so sehr ähneln. Das heimgebrachte Jordanwasser der Kreuzfahrer und das Berliner Spreewasser (vorübergehend sogar »Berliner Luft« in Dosen!) unterscheiden sich nicht wesentlich.

Lapidar lautet die Devise der Vollversammlung der UNO am 4.11.1966 – auf Antrag der »Internationalen Union der Nationalen Fremdenverkehrsverbände« – so: *»Tourisme, passeport pour la paix!«* Diesem säkularisierten Chiliasmus der UNO schloß sich in Rom (April 1967) – »Kongreß für die geistigen Werte des Tourismus« – sogar der Vertreter der Römischen Kurie an! (Tourismus sei eine »anregende Kraft für den theologischen Fortschritt«.) Wir stellen nur fest, daß Pascals augustinischer Jansenismus und die Kurie jahrhundertelang divergierten. Jedoch scheint uns das »divertissement« (dem bei Augustinus vor allem die »concupiscentia«, insbesondere die »concupiscentia oculorum« entspricht, z. B. Confessiones, X, xxx ff.), dieses fluchtartige Heraustreten aus dem eigenen Zentrum bei Pascal und, in seiner Gefolgschaft, das »ästhetische Stadium« bei Kierkegaard und die »Uneigentlichkeit« in der Philosophie Heideggers, dasselbe Grundphänomen am menschlichen Dasein zu treffen, das auch Freud in seiner vermeintlichen ›Kunst‹-Theorie (tatsächlich analysiert er haarscharf den *Kitsch*!) so deutete: »Der Künstler ist ursprünglich ein Mensch, der sich *von der Realität abwendet*, weil er mit der Forderung, auf eine Befriedigung seiner Triebwünsche in ihrer primären Form zu verzichten, *nicht fertig* zu werden vermag, und der dann in der *Welt der Phantasie* seinen erotischen und ehrgeizigen Triebwünschen freien Spielraum läßt. Er findet jedoch seinen Weg aus dieser Welt *in die Realität zurück*; mittels einer spezifischen Begabung gestaltet er seine Phantasien zu *einer Art Realität*, und die Menschen räumen diesen Phantasien eine Berechtigung als wertvolle Reflexe wirklichen Lebens ein. So wird er auf einem bestimmten Wege zu dem Helden, König, Schöpfer, Favoriten, der zu sein er so begehrte, *ohne* daß er den verschlungenen Umweg über die *Herbeiführung realer Veränderungen* der Außenwelt beschreiben muß.« Genau diesen »phantastischen« Weg des Illusionismus seiner selbst und seiner Welt finden wir als Konstituens des Kitschmenschen und seines »divertissements«! Einschränkend müssen wir freilich hinzufügen, daß nicht jeder Kitschmensch auch Kitsch-Produzent ist. Aber wichtiger ist die Tatsache, daß der Kitschmensch – unter anderem auch als Tourist – *sich selbst* und seine *Erlebniswelt ›verwandelt‹*, und zwar durch spezifische Illusionen, die durch den objektiven Kitschgenuß außerordentlich gefördert werden.

Bekannt sind Pascals Beispiele für das »divertissement«: alle Arten von *ablenkenden künstlichen Emotionen* (»passions artificielles« unserer »imagination«), desgleichen die besonderen Veranstaltungen der Spiele (Glücksspiel!), der Jagd (auch auf Hasen, die einem im Grunde gar nicht schmecken); aber ebenso auch die »Lebensrolle«, die wir – in aller Ernsthaftigkeit – »spielen«. Was das mit Tourismus zu tun hat? »Ich fand, daß alles Unglück der Menschen einem entstammt, nämlich: daß sie *unfähig* sind, *in Ruhe in ihrem Zimmer zu bleiben*« (Pensées, Fragment 139). Und das Glück der Könige besteht darin, daß sie »von Leuten umgeben sind, die nur daran denken, Zerstreuung zu verschaffen, zu hindern, über sich nachzudenken« (a. a. O.). Und das gleiche gilt für die Rollen, die man sonst ›im Leben‹ spielt: »Natürlicherweise halten sich die Menschen für Dachdecker oder was immer, nur *nicht, wenn sie allein im Zimmer sind*. Scheinbar nur sucht man Ruhe und stetiges Glück. Man sucht Ruhe, indem man einige Hindernisse bekämpft; und wenn man sie überwunden hat, wird die Ruhe unerträglich durch die Langeweile, die sie erzeugt. Man muß frei werden von ihr und den Tumult erbetteln. Und selbst, wenn man sich von allen

Seiten hinlänglich gesichert sähe, würde unfehlbar die Lebensöde (l'ennui) aus der Tiefe des Herzens aufsteigen.« (Pensées, Fr. 138)

Versuchen wir nun auf dieser anthropologischen Grundlage den Kitschmenschen als Touristen näher zu beschreiben, dann verstehen wir sowohl den ›Reiz des Tourismus‹ wie auch den Touristenkitsch als Paradigma des »divertissements«. Wir sind davor gefeit, das landläufige Quid-pro-quo-Spiel mitzumachen und ›objektive‹ Faktoren wie Massendasein als Ursache und Kitsch als Folge zu betrachten. Denn »Massendasein« ist qualitativ selbst bereits eine Flucht ins Divertissement: Es soll z. B. Menschen geben, die von Massen umgeben eine Art individuellen (›asozialen‹) Inselgefühls entwickeln! Masse, Primitivierung, Infantilisierung – das sind bereits Verdrängungen des Kitschproblems, das von seiner originären Basis, nämlich dem Menschen, möglichst entwurzelt wird. Ist es nicht nachdenkenswert, daß Pascal sein »divertissement«-Argument meist an Königen, Höflingen, Feldherren, honnêtes hommes aller Art demonstriert? (Von Dachdeckern und Soldaten spricht er seltener.) Wir verstehen, warum Ortega y Gasset »Masse« als anthropologische Kategorie gewertet wissen will.

II

Wenden wir uns – sozusagen paradigmatisch – zwei bevorzugten Phänomenen zu, die – pars pro toto – in ihrer kitschigen Struktur wenigstens andeutungsweise evident gemacht werden sollen. Wir meinen: *das Souvernir* und *die Ruinen*. Der ›positivistische‹ Häufigkeitsnachweis beider Phänomene ist überflüssig. Es entspricht aber auch unserer Methode, nicht von den Objekten, sondern vom Kitscherlebnis auszugehen. Die fundamentalen Voraussetzungen haben wir bereits genannt: die Glückssuche des Menschen, sein Eskapismus in der Zerstreuung, wobei aber – und dies ist entscheidend wichtig – weder ein wirkliches (also: abenteuerliches) Suchen eines schlechthin Unbekannten (›Exotischen‹) noch eine statische wirkliche Ruhe (vgl. Pascal, oben) angestrebt wird. Es handelt sich vielmehr um ein *annehmliches Pseudo-Abenteuer* beim touristischen Divertissement. (Man vergesse nicht: Noch im 18. Jahrhundert empfand man Berge und das Meer als »gräuslich«, so Kant. Reisende ließen sich z. B. beim Passieren des Montblanc die Fenster zuhängen, um dem schrecklichen Anblick der Alpen nicht ausgesetzt zu sein. Hallers Gedicht »Die Alpen« war in der Tat eine Entdeckung, so wie in der Antike erst Vergil »Arkadien« *entdeckte*; s. Bruno Snell, Die Entdeckung des Geistes, S. 371 ff.) Zwischen Langeweile und wirklichem Aufwand, zwischen Allzufremdem und Allzuheimlich-Vertrautem, zwischen Indolenz und Engagement liegt die touristische Annehmlichkeit. Die sogenannte »Unwahrheit« des Kitsches ist deshalb nicht – wie man oft meint – bloß in der ›idealisierenden‹ Pathetik oder in der unnatürlichen Retuschierung der dargestellten Realität zu finden. Das sind sekundäre Phänomene, die übrigens oft genug auch beim Kunstwerk vorkommen können, ohne dessen Wert zu beeinträchtigen! Vielmehr handelt es sich um dieses pseudo-abenteuerliche »ma non troppo« des kitschigen Bewußtseins.

a) Nehmen wir z. B. das *Souvenir*, diesen *Vergangenheits-Fetisch*. Normalerweise ist unser Zeitbewußtsein mehr oder weniger aufmerksam auf die Gegenwart gerichtet, in der wir uns zu bewähren haben, arbeitend, umsichtig, alert, weil eine noch nicht eingetretene Zukunft uns in Trab hält. Die einzige Zeitdimension, die ruhig und beruhigt ›hinter uns liegt‹, ist die Vergangenheit. Sie ist selbst – als Erinnerung, als Gewesensein – irgendwie dem reißenden Zeitstrom überlegen als Ruhe. Vergangenheit ist z. B. durch ihr Homogenisierendes, emotional betrachtet, eo ipso von großer Stimmungsresonanz: Sie hat eine Art Hall, eine Patina, eine Aura (»Tempi passati!« »Aetas aurea«). Goethe bringt daher sehr schön Vergangenheit als solche und Romantik in einen ästhetischen Zusammenhang: »Das sogenannte Romantische einer Gegend ist ein stilles Gefühl des Erhabenen unter der Form der Vergangenheit, oder was gleich lautet: der Einsamkeit, Abwesenheit, Abgeschiedenheit.« Gewiß spricht Goethe hier keineswegs von Kitsch oder kitschigen Souvenirs. Aber das kitschige ›Kokettieren mit dem Gewesensein‹ als einer Pseudo-Ewigkeit und die menschliche Einheit von Vergangenheit und subjektiver Erlebnis-Isolation mit dem ›eigenen Gefühl‹ ist ›fundiert‹ in seinem Ausspruch. Im Souvenir nun als Objekt ist – wie in der Muschel das Rauschen des ganzen Ozeans

– Vergangenheit in nuce eingefangen. Daher sprachen wir von einem ›Erinnerungs-Fetisch‹. Dieser kann künstlerisch betrachtet sogar sehr wertvoll sein (vgl. historische Sehenswürdigkeiten, Museen); aber für den Kitschmenschen wird er kitschige *Perversion des eigenen Zeitbewußtseins* auslösen. Und das ist phänomenologisch gut verständlich: Schwebt schon das Sich-Erinnern mit seiner spezifischen Stimmungsaura des Gewesenseins zwischen meinem Jetzt (und seiner akuten Realität) und meinem zeitlichen ›Exotismus‹ = Vergangenheit, dann erleichtert das Souvenir solche annehmliche Ambivalenz durch seine handgreifliche Faktizität. Zeitlicher und räumlicher ›Exotismus‹ ergänzen sich im Souvenir als *›Mini-Denkmal‹* aufs beste! Man beachte hierbei vor allem die emotionale ›Montage‹ beider Exotismen: des räumlichen (Ferne, Fremde) und des zeitlichen (Vergangenheit, die ja emotional, d.h. stimmungsmäßig, ebenfalls ihr historisches ›Fernblau‹ besitzt). Vielleicht versteht man folgende paradoxe Reizthese: In gewisser Hinsicht ist der (›objektiv‹) kitschige Dolch des heimgekehrten Abenteurers, mit dem dieser sich in der Fremde verteidigen mußte, weniger kitschig als das (›objektiv‹) künstlerisch wertvolle Souvenir des sentimentalen Touristen! Welches Kunstwerk wäre schon imstande, nur dank seiner ›objektiven‹ ästhetischen Qualitäten vor kitschiger Aneignung sicher zu sein! So ist denn – In gewisser Hinsicht ›konsequent‹ – ein Großteil der Souvenirs, und zwar der kitschigsten, de facto *Reproduktion von Kunstwerken* aus dem Touristenlande! Anthropologisch spielt es dabei gar keine Rolle, ob die Reproduktion mehr oder weniger wertvoll ist. Denn die Kitschigkeit bemißt sich nach dem sentimentalen Stellenwert, den der ›Schlüsselreiz‹ Souvenir besitzt. Dieser aber hängt vom jeweiligen Genießer ab.

Nach diesen dürftigen Andeutungen, die jedoch die prinzipielle ›Bedingung der Möglichkeit‹ des Kitsches mitteilen wollten, können wir sozusagen einen ›Skalar‹ der Kitschigkeit vorstellen. Gemessen am Gegenbild des Abenteurers, der ja das Unheimliche, Fremde, Nicht-Assimilierbare gerade sucht, ist der Tourist zum Kitscherleben insofern prädisponiert, als er ja *mit der Fremde ›wie‹ mit eigenen Erinnerungen umgehen* möchte: Er hat seine mehr oder weniger deutlichen stereotypen Erwartungsmuster, da er ja keineswegs ›schlechthin Fremdes‹ sucht. Sein Bewußtsein ist vielmehr dem eigenen Wohnwagen oder der eigenen Campingausrüstung, mit heimatlichem Proviant, zu vergleichen. Seine »Recherche du temps perdu« ist meist schon vor Reiseantritt ein halbes ›trouvé‹, seine Reisegesellschaft sichert ihm den heimatlichen Stammtisch, die ›Attraktionen‹ sind ihm schon durchs Reisebüro vermittelt worden, so daß er ziemlich genau weiß, worauf er seine Fotokamera zu richten haben wird.

In dieser *Familiarisierung des Exotischen* – ein Analogon zur Privacy des kitschigen Kunstgenusses – bzw. *Exotisierung des Familiären* – beides geht meist ununterscheidbar Hand in Hand – liegt für den Kitschmenschen der Reiz des Tourismus. Er läßt sich als Torero fotografieren, die Akropolis ist der passende Hintergrund. Man kann da sogar Kategorien der sogenannten »Umweltforschung« (Ökologie) heranziehen, mit den – der zoologischen Beobachtung entlehnten – Unterscheidungen von »Merkwelt«–»Wirkwelt«, bzw. »Merkling«–»Wirkling«. Jacob von Uexküll, der Vater der Umweltforschung, macht z. B. folgende Probe seiner Theorie: »Als ich auf der Akropolis von Athen mich in den wunderbaren Farbenkontrast der im Laufe der Jahrhunderte goldgelb gewordenen Säulen des Parthenon gegen den ewig blauen Himmel Attikas vertiefte, standen zwei Berliner neben mir, ein Fabrikant von Hosenträgern und ein Schnürsenkelfabrikant. Dem ersten liefen beim Anblick der Säulen des Athenatempels die hellen Tränen die Backen herab, und er wiederholte immer nur: ›Es ist zu schön.‹ Der andere hingegen schlich sich hinter eine Säule und schrieb mit einem Bleistift seinen gleichgültigen Namen auf den gottgeweihten Marmor. Der Hosenträgerfabrikant war ein ausgesprochener Merkling, während der Verfertiger von Schnürsenkeln ein typischer Wirkling war.« Diese Uexküllsche Typologie ließe sich leicht von uns aufgreifen, wenn nicht meist beide Typen in Personalunion vorkämen.

b) Damit stünden wir beim zweiten Beispiel: den *Ruinen*. Es bedarf auch hier keiner positivistischen Legitimation, warum wir darauf eingehen. En miniature bzw. in Abbildung sind sie ebenfalls Souvenirs. Für Ruinen gilt in höchstem Maße, was wir vom ›historischen‹ Exotismus gesagt haben. Als Ausgangspunkt mag eine selbsterlebte Geschichte dienen: aus phänomenologischem Mutwillen habe ich 1945 kurz nach der Kapitulation Deutschlands amerikanischen Besatzungssoldaten, die eifrig mit ›picture taking‹ am Heidelberger Schloß beschäftigt waren, auf ihre Frage nach dem Schicksal dieses Wallfahrtsortes aller Kitschmenschen geantwortet: »It was destroyed by American bombs.« Die Reaktion der Soldaten war sehr lehrreich: Die ›Ruine‹ erschien ihnen nicht mehr ›nice‹, vielmehr bedauerten sie (also: mit realistischem Jetzt-Bewußtsein) die kürzliche Zerstörung eines großen Gebäudes. Es war dies eine Metanoia, die an Augustins puritanische Klage erinnert: Er habe sündhafterweise über die tote Dido geweint, aber die beklagenswerte Realität trockenen Auges hingenommen! (Conf. I, xiii) Der bedeutende Kultur- und Zeitkritiker Günther Anders hat darauf hingewiesen, daß – entgegen weitverbreiteter Ansicht – nicht die Romantik erst den Blick für die »Schönheit der Ruine« geweckt habe. Vielmehr habe folgende *»Inversion«* stattgefunden: Die Renaissance (und zwar die erste Generation) habe den antiken Torso verehrt, »nicht weil, sondern obwohl er ein Torso« war. Man fand Schönheit, aber »leider« (!) nur als Ruine. Die zweite Generation »invertierte« die »Ruine des Schönen« zur »Schönheit der Ruine«. Und von hier bis zur industriellen »Herstellung von Ruinen« war der Weg eindeutig: Wie Gartenzwerge setzt man nun Ruinen in die Landschaft, um die Landschaft zu »verschönen«. Man sieht, wie Augustins Klage über sein ›Vergnügen an tragischen Gegenständen‹ bei G. Anders, der seit Hiroshima keine Ruinen mehr schön finden kann, Resonanz findet. (G. Anders, Die Schrift an der Wand, S. 214 ff.) Ausgerechnet dieses Inversionsphänomen (letzter Schrei: Disneyland), das zunächst nur die Kunst betrifft, ist von starker – sagen wir – ›Kitsch-Affinität‹. Denn dem »Inversions«-Anachronismus entspricht genau auch die *second-hand-Begeisterung* der Kitschmenschen, die übergroße Bereitschaft, der wirklichen Zeitlichkeit des Menschen, deren er im Alltag oft genug inne ist, 2 bis 3 Wochen lang einen kleinen ästhetischen Streich zu spielen. Für sein Geld kann er schon eine gute Portion Quasi-Ewigkeiten verlangen! Auch bei dieser (schon im künstlerischen ausfindig zu machenden) anachronistischen Quid-pro-quo-Spielerei mit der Zeitlichkeit entdecken wir unschwer die dem Kitschmenschen eigentümliche Neigung zu familiarisieren. Eine Neigung, die geradezu monströs wird, wenn selbst unser Planet zu klein geworden ist, um aus der Welt eine Wohnküche zu machen: so geschehen 1965 in der »Gemini-4«-Kapsel, worin die um die Erde kreisenden Piloten mit ihren Familien ›small talk‹ machten. Es wäre pietätlos unserem Thema gegenüber, ihre Namen nicht zu erwähnen: Mr. White und Mr. McDivitt (s. Spiegel, 1965, Nr. 25, S. 112ff.). Mit diesem Nonplusultra haben wir unseren Titelort – Erde – bereits überschritten...

Anhang

Über Spiel und Ernst[1]

Motto: Augustinus, »Confessiones« III, ii

Das alltägliche Verständnis von Ernst und Spiel (Huizinga)

Wie selbstverständlich erscheint dem *Alltag* doch die geläufige Gegenüberstellung von Ernst/Spiel, Ernst/Scherz, Ernst/Heiterkeit oder auch Arbeit/Ernst und Scherz/Spiel! Erwägt man aber, wie spät in der Menschheitsgeschichte ein ausdrückliches Bewußtsein von dem, was eigentlich Ernst sei, aufgekommen ist, dann erkennt man zugleich, wieso viele Schwierigkeiten im dialektischen Verhältnis beider (des Ernstes und des Spiels) durch unbekümmerten Sprachgebrauch verdeckt werden. Dabei meinen wir doch gar nicht den mißlichen, noch zu erörternden Umstand, daß Ernst gar nicht zu definieren ist: Denn Definitionen im streng logischen Sinne haben es ja ohnehin – je nach dem Grade ihrer Strenge und »Pünktlichkeit« – primär mit denkimmanenten Funktionen zu tun, nicht mit Wesen und Sachen. Aber das späte Aufkommen eines ausdrücklichen Sinnes für Ernst weist auf eine späte Differenzierung des menschlichen Selbstbewußtseins hin, die durch den unbekümmerten (indifferenzierten) Sprachgebrauch nur zu leicht rückgängig gemacht wird.

Nehmen wir ein Beispiel. Ernst ist nicht Spiel, sagt man mit der gleichen Sicherheit wie: Kalt ist nicht warm. Dieser Begriffsmanichaismus ist insofern – aber nur insofern – berechtigt, als in der Tat erst mit dem Bewußtsein von Ernst ein Spielbewußtsein gegenwärtig ist. Betrachten wir etwa die *Wortgeschichte* bei Germanen, Griechen und Römern, so fällt auf, daß es einen gemeinsamen Zug gibt, der für den Ernst charakteristisch ist: Es ist der – dem Spiel gegenüber zusätzliche – Aufwand, die Leistung, die Anstrengung. Das

1 Entnommen mit freundlicher Genehmigung des Carl Winter Verlages der Festschrift für Walther Bulst »Medium aevum vivum«, Heidelberg 1960.

griechische spoude heißt Eifer, Eile; das germanische ernest, ernust u. ä. bedeutet Streit, Kampf; das lateinische serius schwer, mühsam. Indes, die äußerliche, man ist versucht zu sagen: *energetische Charakteristik des Ernstes* gegenüber dem Spiel kann *nicht entscheidend* sein. Denn sicherlich kennt nicht erst der moderne Sport anstrengende, mühsame, eilige Verrichtungen, die als Spiel gelten. Tatsächlich ist der ›ernste‹ Aufwand, durch den Spiel sich von Ernst unterscheidet, *innerlicher* Art. Und damit sind die uns hier beschäftigenden Probleme von Spiel und Ernst gegeben.

Die sehr pauschale und in ihren Konsequenzen gefährliche Auskunft, beides sei eben *relativ*, kann durch eine am Äußeren haftende phänomenologische Untersuchung zwar gestützt werden, schafft aber das Problem selbst nicht aus der Welt.[2] In der Tat: Äußerlich beobachtet, kann jeder Ernst als Spiel vollzogen werden (ich kann an seinem Vollzug immer phänomenologisch Spielstrukturen herauspräparieren), ja, die meisten Kinderspiele sind wiederum umgekehrt Repräsentanten eines Ernstes, sie werden erst von einem bestimmten Alter an als ›bloßes Spiel‹ verstanden.[3] Prinzipiell ist der äußere Ablauf von Ernst- und Spielhandlungen nicht verschieden. Auch die erwähnte Anstrengung eines Spielenden mag es mit der des Ernstes aufnehmen können.

Erstaunlich genug: Wir unterscheiden dennoch Ernst von Spiel. Selbst wer ihre Relativität behauptet, gebraucht beide Vokabeln, nuanciert also. Somit käme es darauf an, zumindest den Sinn beider Begriffe (idealtypisch wenigstens) und den Umkreis der besagten Relativität herauszuarbeiten.

Ganz allgemein haben wir wenigstens den Weg zu einer solchen Untersuchung damit angedeutet, daß eine zusätzliche Anstrengung innerlicher Natur Ernst von Spiel unterscheidet und daß eine rein phänomenologische, also die Spielelemente am anschaulich gegebenen Spiel gewinnende Betrachtung unseres Erachtens das Unterscheidende (Innerliche) nicht zu fassen vermag. Die phäno-

2 Johan Huizinga, »Homo ludens. Vom Ursprung der Kultur im Spiel«, 1938.
3 Egger, »Observations et Réflexions sur le développement de l'intelligence et du langage chez les enfants«, bes. S. 497 über die drei »Realitätsgrade«: 1. »ce qui est vrai tout à fait«, 2. »ce qui est vrai de joujou«, 3. »ce qui n'est pas vrai du tout«.

menologische Betrachtungsweise muß sich gleichermaßen am menschlichen wie am tierischen Spielen erproben[4], wobei freilich dem Tier die erstaunliche Fertigkeit zugemutet wird, den menschheitsgeschichtlich so späten Unterschied von Spiel und Ernst zu vollziehen. (Physiologische Abweichungen in den Muskelfunktionen, Innervationstypen u. dgl. meinen gewiß nicht unser Problem.)

Dem Tier wird somit menschlicher Ernst zugemutet (was eine Abwertung des Ernstes bedeutet) bzw. dem Menschen auf phänomenologisch bestechende Weise die zweifelhafte Ehre erwiesen, in seiner ganzen Kulturgeschichte Homo ludens gewesen zu sein. So aber verlieren (durch phänomenologisches Spiel im eigentlichen Sinne!) beide Begriffe jeglichen Kurswert. Wir würden sagen, sie sind nicht einmal mehr relativ, denn relativ bedeutet doch noch eine bestimmte Verhältnismäßigkeit, die auch den Spielraum des Vokabelgebrauchs begrenzen müßte.

Huizinga geht mit Recht von der Auffassung aus, daß menschheitsgeschichtlich Spiel und Ernst erst spät auseinandergehalten worden seien: »Das Aufkommen einer Bedeutung für Ernst bedeutet, daß der Begriffskomplex Spiel als vollständige allgemeine Kategorie zum Bewußtsein gekommen ist.«[5] Dann aber ist es ein *Anachronismus*, nun die Kulturleistungen auch jenes Menschen, dem ein solches Bewußtsein zugegebenermaßen noch fehlte, auf seine Spielelemente hin zu prüfen. Mit Hilfe dieses – methodisch unzulässigen – Anachronismus war es möglich, das Schlagwort Homo ludens den älteren Etiketten Homo sapiens und Homo faber zur Seite zu stellen. Als Arbeitshypothese und phänomenologische Sonde war der Aspekt Homo ludens durchaus vertretbar, nicht aber in seiner Absolutsetzung. Denn nun verlieren beide Begriffe gerade ihr Eigentümliches.

Freilich, das Schlagwort »Homo ludens« verdankt seine Entstehung nicht nur dem erwähnten Anachronismus, sondern auch einer *negativen Bewertung des Ernstes*, die uns im nächsten Abschnitt näher beschäftigen wird: »Betrachtet man das Begriffspaar

4 Buytendijk, »Wesen und Sinn des Spiels«, Berlin 1933.
5 Huizinga, a. a. O., S. 73 f.

Spiel-Ernst etwas näher, dann ergibt sich, daß die beiden Termini in ihm nicht gleichwertig sind. Spiel ist der positive, Ernst der negative. Der Bedeutungsinhalt von Ernst ist mit der Negation von Spiel bestimmt und erschöpft: Ernst ist Nichtspiel und nichts anderes. Der Bedeutungsinhalt von Spiel dagegen ist mit Nichternst keineswegs definiert und erschöpft: Spiel ist etwas Eigenes. Der Begriff Spiel als solcher ist höherer Ordnung als der des Ernstes. Denn Ernst sucht Spiel auszuschließen, Spiel kann sehr wohl den Ernst in sich einbeschließen.«[6] Der eigentliche Aufwand des Ernstes, von dem wir oben sprachen, entgeht Huizinga; er wird zur rein abstoßenden Haltung, die Spiel abweist, Spiel dagegen ist die reichhaltige Fülle alles Tuns. So wird natürlich *alles* zum Spiel. Indes, man erweist auf diese Weise auch dem Spielbegriff keinen Dienst, ganz abgesehen von dem prinzipiellen Mißstand, daß Huizinga seine so richtige Grundvoraussetzung hiermit wieder preisgibt; hatte er doch seinen Ausgangspunkt darin gefunden, daß der Spielbegriff immer einen Begriff des Ernstes voraussetze.

Jedenfalls zeigen diese *methodischen Bedenken* – gegen Huizinga[7] wie gegen Buytendijk –, daß diese Forscher bestenfalls ein Gefühl für die Relativität beider Begriffe wecken, die im alltäglichen Sprachgebrauch freilich auch schon vieldeutig genug verwendet werden: ›Spielend‹ verrichtet man eine Arbeit, obwohl ansonsten das ernste Arbeiten dem unernsten Spielen gegenübergestellt wird. Der Spieler, weiß man, ist ernsthafter beim Spiel als bei der Arbeit usw. Anders gesagt: Das alltägliche Verständnis von Spiel und Ernst wird durch die erwähnte Untersuchung nicht vertieft, sondern nur durch Dokumentationen belegt. Darüber hinaus trägt die paradoxe Absolutsetzung des Spiels zu einer Verwirrung der Begriffe bei, die um so ernster zu nehmen ist, als diese Absolutsetzung kulturanthropologisch Gewicht beansprucht.

6 Ebd.
7 E. Fink, »Oase des Glücks. Gedanken zu einer Ontologie des Spiels«, Freiburg/München 1957.

Die »Negativität des Ernstes« (Huizinga) enthält ein Moment, das auch dem alltäglichen Sprachgebrauch (und damit dem alltäglichen Verständnis) entgegenkommt: Die Sprache unterscheidet nämlich hellhörig einerseits zwischen der *Art und Weise* einer Verrichtung, andererseits der verrichteten *Sache* selber. Z. B. ist es merkwürdig, wie es dem Sprachsinn beim Ernst mehr auf das Verhältnis ›zu...‹ ankommt, während beim Spiel eher die Technik der Verrichtung, der Verlauf, die Struktur des Vorgangs im Vordergrund des Bewußtseins stehen. Die Weise der Stellungnahme ›zu...‹, das Interesse, die Teilnahme ›an...‹ sind beim Ernst gemeint; und dies führte Huizinga dazu, vom Negativen des Ernstes zu sprechen.

Fragen wir nun ›positiv‹ nach dem, was als differentia specifica den Ernst bestimmt, so ist es zunächst dies, daß *Ernst über das Tun als solches hinausweist*. Da dieses Plus (des Hinausweisens nämlich) nicht schon im beobachtbaren Tun selber liegt, wird der phänomenologische Aufweis des Ernstes umstritten bleiben müssen (ohne daß der Ernstbegriff deswegen schon ›negativ‹ wäre). Dieses Hinausweisen über das Tun als solches hatten wir als zusätzlichen Aufwand innerlicher Art charakterisiert, ohne welchen jegliches Tun als pures Verrichten sofort Spielaspekte bietet. Die Anstrengung des Ernstes ist nicht der energetische Aufwand der Verrichtung als solcher.[8] Das pure Genügen an der Verrichtung, wie Geschäftigkeit, Betriebsamkeit, »Gschaftlhuberei«, sind Spiel, obwohl mit den gleichen Muskel- oder Verstandesleistungen auch Ernstes bewirkt werden könnte.

Dieses *In-sich-Kreisen des Spiels* – es ist, wie man längst definiert hat, Selbstzweck – entbehrt jenes Hinausweisens (Transzendierens), das dem ernsten Tun eigen ist. Deshalb soll man sinngemäßer von einer *Negativität des Spiels* sprechen als vom Negativen des Ernstes. Und hier käme auch die Phänomenologie der Spielstruktur insoweit zu ihrem Recht, als oftmals am Spielphänomen sozusagen

8 Man denke an Kierkegaards häufigen Spott über den Prediger, der trotz Schwitzens auf der Kanzel »unernst« sei.

das Gegenteil von Transzendieren zu beobachten ist.[9] Wir könnten dies auch die strukturelle Selbstgenügsamkeit des Spiels nennen: Ambivalenzen aller Art (bis zur Äquivokation im Wort-Spiel), das Hin und Her, das Auf und Nieder, das Rundherum des Reigens usw.

Schon M. Lazarus[10] weist auf die bezeichnende *Etymologie* hin (spilan althochdeutsch = eine leicht schwankende Bewegung) und findet, Spiel sei im weitesten Sinne eine »leichte, schwankende, ziellos schwebende Tätigkeit«, wie wir es selbst noch in übertragenen Wendungen mitverstehen: Spielart, Spielraum, Wellenspiel u. a. m. Und Buytendijk bringt einen mittelniederländischen Beleg, wo unser Wort bedeutet: »sich in einer zuckenden Bewegung befinden, flimmern, Hin- und Her-Bewegung, hüpfen«[11].

Solche äußerlich beobachtbaren Kennzeichen des Spielgeschehens sind gleichzeitig *Chiffren für Sachverhalte der Innerlichkeit* und kommen deswegen auch für unser Problem Ernst/Spiel in Betracht. Man nehme für das Gemeinte etwa folgendes Beispiel, das eine Isomorphie von Go-Go-Spiel und erotischer Tändelei zum Thema macht:

> »Welch ein luftiges Spiel! Es windet am Faden die Scheibe,
> Die von der Hand entfloh, eilig sich wieder herauf!
> Seht, so schein' ich mein Herz bald dieser Schönen, bald jener
> zuzuwerfen; doch gleich kehrt es im Fluge zurück.«
>
> *Goethe, Venezianische Epigramme, 91*

Phänomenologisch gäbe es eine ganze Reihe solcher Selbstgenügsamkeiten (und damit Spielaffinitäten) geltend zu machen: das Spiel des Windes mit dem Laub, Wellenspiel, ja schon Elementares wie Schillern, Flimmern, und hierzu analog (bzw. synästhetisch) im Akustischen den Triller, das Tremolo, das Vibrato u. ä. Spielhaft hierbei ist vor allem jenes Nichttranszendieren im rein Sensorischen. Dieses *Sinn-lose*, in sich selber Verharrende, ist es auch, was beim Spiel im übertragenen Sinne von höchster Bedeutung wird.

9 Aber erst die Transparenz des phänomenologischen Befundes macht diesen für unsere Untersuchung relevant.
10 Lazarus, »Über die Reize des Spiels«, S. 20.
11 Buytendijk, a. a. O., S. 18–21.

Selbst das Ganze des Seins kann Spielcharakter erhalten, sobald der transzendierende Ernst wegfällt:

»Not nennt's der Grollende,
Der Narr nennt's Spiel...«
Nietzsche, An Goethe

Bezeichnenderweise ist hier vom Weltrade, »dem rollenden«, die Rede. So finden wir bei Heraklit schon den Ausspruch: »Der Weltlauf ist ein spielendes Kind, Brettsteine setzend – eine Königsherrschaft des Kindes.«[12] Aber selbst modernes Denken kann in ontologischer Verspieltheit von einer »spielhaften Offenheit des menschlichen Daseins zum spielenden Seinsgrund alles Seienden hin« träumen.[13]. Eine fundamentalontologische »Oase des Glücks« zu glauben steht jedermann frei – nicht jedoch, hierfür ausgerechnet die Jesus-Worte von den Kindern und dem Himmelreich als Schlußgag zu verwenden. Man unterscheide Jesus von Fröbel. Jesu Pointe ist sehr ernsthaft: »Wer nicht die Herrschaft Gottes annimmt wie ein Kind, der wird nicht hineinkommen.« (Luk. 18,17; vgl. Matth. 19,3–4 und Mark. 10,15.) Das tertium comparationis ist hier nicht die Verspieltheit unserer lieben Kleinen, sondern die anspruchslose Niedrigkeit (vgl. Matth. 18,4).

Gespielter Ernst – ernsthaftes Spiel

Am Beispiel des *Pedanten* und dann am Gegenbeispiel des *Spielverderbers* soll nun kurz gezeigt werden, wie Ernst gerade durch Negativität zum Spiele, und umgekehrt, wie der Spielverderber durch seine leidige Teleologie, die er dem Spiel hinzufügen möchte, lästig wird. Diese Betrachtung führt zu einer näheren Charakteristik des ernsten Aufwandes.

Die existentiellen Kategorien der Innerlichkeit und des Ernstes lassen sich am besten durch die Abhebung vom bloß Psychologischen der Ernsthaftigkeit herausstellen. Pascal, die französischen

12 Fragment 52, Diels.
13 Fink, a. a. O., S. 52.

Moralisten, Nietzsche, Dostojewski, in der Gegenwart vor allem die Existenzphilosophie (Jaspers, Heidegger, Sartre) – sie alle sind vorwiegend damit beschäftigt, den Unterschied zwischen psychologisch konstatierbarer *Ernsthaftigkeit* und *›eigentlichem‹ Ernst* herauszustellen. Die »Uneigentlichkeit«, das »divertissement«, die »mauvaise foi«, die »Unwahrhaftigkeit« sind zwar allesamt durchaus ernsthaft, aber sie entbehren des Ernstes. Es ist nun recht schwierig, die Wahrheit von Gefühlen zu diskutieren.[14] Aber *Kierkegaard* scheint bei der Analyse des eigentlichen Ernstes, den er – philosophiegeschichtlich sehr folgenreich – geradezu mit »Existenz« identifiziert hat, die entscheidenden Momente auch des *Unernstes bei Ernsthaftigkeit* herausgearbeitet zu haben. Und zwar am Paradigma des Pedanten, dessen Ernsthaftigkeit nichtsdestoweniger Spiel ist. Der Pedant in seinem Unernst gleicht, religiös gesprochen, dem Abergläubischen. Wie bei Pascal wird er als im tiefsten Sinne »zerstreut« interpretiert. Er ist so zerstreut, daß er dem Kopenhagener Kaufmann gleicht, der seine Frau zu fragen pflegte: »Rebekka, bin ich es, der redet?« Diese Beziehungslosigkeit zu sich selber (kein »Verhältnis zu sich selbst«, Kierkegaard) ist es, die den pedantischen *Abergläubischen* unernst macht. »Er weiß alles, was zu wissen ist; er verbeugt sich vor dem Heiligen; die Wahrheit ist ihm ein Inbegriff von Zeremonien; er spricht davon, daß man vor Gottes Thron zu treten hat, und weiß, wie oft man sich da zu bücken hat; das alles weiß er, wie der, welcher einen mathematischen Satz beweisen kann, wenn man die Buchstaben ABC braucht, nicht aber, wenn man DEF setzt. Darum wird ihm angst, sowie er etwas hört, das nicht wörtlich dasselbe ist. Und doch, wie sehr gleicht er einem modernen Spekulanten, der einen neuen Beweis für die Unsterblichkeit der Seele gefunden hatte und dann in Lebensgefahr kam, nun aber seinen Beweis nicht führen konnte, weil er seine Hefte nicht bei sich hatte.«[15]

Auf die Frage nun, was hier denn fehle, antwortet Kierkegaard: »die *Gewißheit*«. Und näher bestimmt wird diese Gewißheit, die

14 Vgl. hierzu bes. André Gides »Faux-Monnayeurs«.
15 Kierkegaard, »Begriff der Angst«, Jena 1923, S. 144ff.; Neue Ausgabe Abt. 11/12, 1952, S. 144ff.

dem Abergläubischen mangelt, als Ernst, dieser wiederum als *»Innerlichkeit«, »Ursprünglichkeit, »die Persönlichkeit selbst«*. Tatsächlich, die Pedanterie des Abergläubischen befolgt die Spielregeln peinlich genau, nur steht der Pedant gleichsam daneben. Er kommt, bei aller Anstrengung (bloß psychologischer Ernsthaftigkeit), leicht aus dem Konzept. Er tritt in seine Spielwelt ein, die er aber nicht aus sich selbst vertreten kann, da er gar kein Selbst ist, sondern sozusagen eine unpersönliche Verrichtungsleitstelle. So empfindet Kierkegaard den Pedanten geradezu als »dämonisch«. Zum Ernst dagegen gehöre der Einsatz eines »Selbst«, das sich im Tun verwirklicht. Ernst ist also innerliches Inter-esse, es geht hier um den Menschen selber. Im Spiel dagegen steht die Spielwelt mit ihren eigenen Regeln und charakteristischen Verrichtungen sozusagen emanzipiert im Vordergrund.

Das *Spiel* wird *verdorben*, wenn es aus irgendeinem *Grunde* gespielt wird. Die Komik, diese »Nemesis« unwahrhaftigen Ernstes (Kierkegaard), entlarvt mit Vorliebe existentielle Unstimmigkeiten, die beim angemaßten Ernst vorliegen. Die Komik von »Kraft durch Freude«, »Glaube und Schönheit« beruht eigentlich in solcher Disparatheit: Spielkategorien wird unpassenderweise ein transzendierender Schnörkel aufgepfropft.

Ernst jedoch ist immer *›umwillen‹*. Die oszillierende Unverbindlichkeit, die Ambivalenz des Hin und Her um ihrer selbst willen, steht dem Ernst mit seinem Entweder/Oder, seinem Ja oder Nein gegenüber. Der Pedant hat also keinen Ernst, trotz aller angestrengten Ernsthaftigkeit; deshalb ist seine Betriebsamkeit so leer und wirkt komisch. Er trägt sozusagen nur die Insignien des Ernstes zur Schau; er verkörpert also das *Paradox, Ernst zu spielen*. Aber er weiß das nicht einmal. Den charakteristischen Unernst der Pedanterie kann man auch an der Marotte, am Spleen, an der fanatischen Halbbildung u. ä. gut studieren. Eine Fundgrube ist Sternes »Tristram Shandy«. Alle Pedanterien haben ihre private Spielwelt, die sie rührend verwöhnen, in dauernder Unruhe um ihren Bestand. Diese Bekümmernis nun pflegt vom Außenstehenden psychologisch mit ›Ernst‹ etikettiert zu werden; allein, es ist der drollig-putzige Ernst des Kindes im sorgsam behüteten Spielwinkel. (Wobei freilich beim erwachsenen Pedanten noch der Mangel hinzutritt, daß ihm das kindliche Wissen um das ›vrai de joujou‹ abhanden kam.)

Indem wir den Innerlichkeitscharakter des ernsten Aufwandes zur Sprache brachten, der an den Strukturmerkmalen des Transzendierens zu erfassen ist, bereiten wir jene Betrachtungsebene und -weise vor, die erforderlich sind, um die *Ernsthaftigkeit des Lachens und des Komischen* erörtern zu können. Zeigte doch schon der »verstellte Ernst« der Pedanterie[16] eigentümliche Paradoxien, welche die vis comica mit unfehlbarem Spürsinn entdeckt, Paradoxien, die psychologisch kaum in den Griff zu bekommen sind. Hat Jean Paul nicht das Recht zu einer Klage wie der folgenden: »Der Scherz fehlt uns bloß aus Mangel an – Ernst.«[17] Und ein ernsthafter Paragraph seiner »Vorschule der Ästhetik« ist der »Notwendigkeit deutscher witzigen Kultur« gewidmet (§ 54); die »wand-, band-, niet- und nagelfesten guten Ideen täten es noch nicht: Himmel, welche Spiele könnten wir gewinnen, wenn wir mit unsern einsiedlerischen Ideen rochieren könnten!« Erst die ursprüngliche Freiheit, die Kierkegaard Innerlichkeit, Gewißheit oder Ernst nannte, unterscheidet die Pedanterie vom Enst im eigentlichen Sinne. Die ›Rochade‹ von ABC zu DEF ist dem Pedanten nicht möglich: Seine Mathematik ist zu Ende, wenn seine Wortmagie getroffen wird.

Das *Komische* hat nun die höchst ernste Funktion, als Spielverderber falschen Ernst zu entlarven. Pedanten lachen ungern. Die kleinste Rochade bringt sie aus dem Konzept. Lachend würde ja die Relativität der Spielwelt durchschaut und damit überwunden. Das Verlachen des Pedanten (analog: des Zerstreuten, des Gewohnheitsmenschen, der fixierten Natur der Type, Charge u. ä.) straft gerade die fehlende Ursprünglichkeit des verstellten Ernstes. Das Lachen, könnte man sagen, entlarvt in diesem Falle den Unernst im Namen eines besseren Ernstes, der aber nicht mehr gespielt wird. Besonders Nietzsche und Kierkegaard vollziehen in ihrem Lachen

16 H. Lipps, »Die menschliche Natur«, Frankfurt 1941, S. 110ff.

17 Jean Paul, »Vorschule der Ästhetik«, § 29. Interessant in unserem Zusammenhang ist Bultmanns Plädoyer für die – auf Kierkegaard zurückgehende – »dialektische Theologie« in seiner Auseinandersetzung mit E. Petersen (»Die Frage der dialektischen Theologie«, in: »Zwischen den Zeiten«, 4. Jgg. Heft 1, München 1926, S. 40ff.

solche Kritik und Korrektur der fehlenden Ursprünglichkeit. Beide sind sie Spielverderber, so wie es Sokrates mit seiner Ironie zu seiner Zeit war. Überraschend gut trifft Huizingas Analyse des *Spielverderbers* den gemeinten Sachverhalt: »Dadurch, daß er sich dem Spiel entzieht, enthüllt er die Relativität und Sprödigkeit der Spielwelt ... Er nimmt dem Spiel die Illusion, die in-lusio, buchstäblich: die Einspielung – ... Darum muß er vernichtet werden, denn er bedroht die Spielgemeinde in ihrem Bestand. Der Spielverderber zerbricht die Zauberwelt... Auch in der Welt des hohen Ernstes haben es die Falschspieler, die Heuchler und Betrüger immer leichter gehabt als die Spielverderber; die Apostaten, die Ketzer und Neuerer und die in ihrem Gewissen Gefangenen.«[18]

Und Nietzsche selbst, der von allen Apologeten unverbindlicher Spielwelten, aber auch von verstellt Ernsten so gern Zitierte – Nietzsche begreift sich als Spielverderber kat'exochen, wissend um die Selbst-losigkeit falschen Ernstes. Zarathustra fordert, »daß eure Tugend euer Selbst sei, und nicht ein Fremdes, eine Haut, eine Bemäntelung«. Dagegen ist es unernste Spielerei, den »Krampf unter der Peitsche, das Faulwerden der Laster« Tugend zu heißen. »Und andere gibt es, die sind gleich Alltagsuhren, die aufgezogen wurden; sie machen Tiktak und wollen, daß man Tiktak – Tugend heiße.« Anderen ist Tugend »eine Art Gebärde: Ihre Knie beten immer an, und ihre Hände sind Lobpreisungen der Tugend, aber ihr Herz weiß nichts davon.« Diesem uneigentlichen Ernst steht Nietzsches Forderung gegenüber: »Daß euer Selbst in der Handlung sei, wie die Mutter im Kinde ist.« Sich selbst versteht Zarathustra ausdrücklich als Spielverderber: »Wahrlich, ich nahm wohl hundert Worte und eurer Tugend liebste Spielwerke; und nun zürnt ihr mir, wie Kinder zürnen. Sie spielten am Meere, – da kam die Welle und riß ihnen ihr Spielwerk in die Tiefe: nun weinen sie.«[19]

18 Huizinga, a. a. O., S. 19.
19 »Also sprach Zarathustra«, Kröner-Ausgabe, S. 99 ff.

Der verstellte Ernst der Pedanterie, also die bloß psychologische, nicht aber existentielle Ernsthaftigkeit, gilt dem ursprünglichen Ernst als Unernst. Die selbst-lose Besorgtheit um den Bestand einer Spielwelt und deren Regeln, die sich aber für Ernst hält, besprachen wir kurz am Beispiel des Pedanten und des Abergläubischen. Der Spielverderber aus ursprünglichem Ernst entlarvte den unechten Ernst als Spiel.

Vor allem die vis comica ist es, die sich mit Vorliebe der Pedanten aller Grade annimmt: Sie entdeckt die Unechtheit des vermeintlichen Ernstes und prangert sie an, scheinbar selber spielend, tatsächlich aber im Inkognito des Unernstes eigentlichen Ernst auf den Plan rufend.[20] *Bergson* hat in seiner Theorie des Komischen diese Korrektivfunktion des Lachens von seiner vitalistischen Metaphysik aus zu deuten versucht.[21] Er erklärt das mechanisierte Lebendige zum schlechthin Komischen: »Eine dem Mechanischen verfallene Natur, das ist ein schlechterdings komisches Motiv.«[22] Wenn wir auch gleich erkennen werden, daß Bergsons Metaphysik die existentielle Funktion des Lachens nicht tief genug erfassen kann, so leistet er uns doch gute Dienste, indem er auf den Ernst des Komischen aufmerksam macht. In der Tat, der verstellte Ernst weckt stets die Erinnerung an einen *Mechanismus*, einen Automaten, der durch seinen Kontrast zum lebendigen, spontanen Menschenwesen in seinem Extrem dämonisch wirkt, in den schwächeren Abstufungen aber komisch.[23] Die Bürokratie, die Massenorganisationen, die Technisierung auch des persönlichsten Lebens – Mißstände, die in unserer Zeitkritik mit Recht beklagt werden – führen oft zu einem schematischen ›Ernst‹, der sich mechanisch

20 Die hohe Rangstufe des Humors bei Kierkegaard als »Konfinium« zwischen dem ethischen und religiösen Stadium sowie der Ironie (schon in der Dissertation über Sokrates' Ironie) ist in diesem Zusammenhang zu erwähnen.

21 »Das Lachen«, Jena 1921.

22 Ebd., S. 32.

23 Zur Dämonie des Maschinenmenschen vgl. z. B. Friedrich Georg Jünger: »Die Perfektion der Technik«, Frankfurt 1946.

abspielt.[24] Freilich, solche komisch-groteske Perversion des Ernstes ist nicht erst mit unserer technischen Welt gegeben, wie Bergson sehr wohl weiß. Was Bergson allerdings entgeht, ist die existentielle Funktion sowohl des Lachens als auch des eigentlichen Ernstes. Verführt durch seinen Vitalismus (der nur scheinbar menschliche Freiheit in den Blick bekommen kann) wird ihm das Lachen zu einer bloßen Korrektivfunktion eines überpersönlichen Lebendigen überhaupt. Darüber hinaus neigt er – als »typischer Franzose«[25] – dazu, ein solches Lebendiges vor allem mit der Gesellschaft, dem Sozialen zu identifizieren. Infolgedessen spricht er von einer *»fonction sociale«* des Lachens, statt wie wir von einer *existentiellen Funktion*. Eine Auseinandersetzung mit der so erfolgreichen Theorie Bergsons – besser: wenigstens mit ihren Grundvoraussetzungen – kann unser Problem Spiel/Ernst klären helfen, zumal eine solche Diskussion gleichzeitig implizit auch die so verwandte Theorie des Lachens bei Schopenhauer kritisiert.

Bergson läßt sich vor allem durch psychologische Beobachtung zu seiner sozialen Theorie des Lachens verleiten: Ihm dünkt entscheidend, daß die Menschen lieber und häufiger en masse lachen, während sie einsam und verlassen weinen. Uns erscheint die Häufigkeit, mit der das Lachen als Massenphänomen auftritt, als eine periphere Eigentümlichkeit des lachenden Menschen. Denn der Gegenbeweis läßt sich leicht auf der gleichen Ebene erbringen: Viele Menschen weinen auch lieber en masse als in der Stille ihres Kämmerleins (Staatsbegräbnis, Theateraufführung usw.). Dies ist mithin ein Thema der Sozialpsychologie (»Carpenter-Effekt«, »soziale Ansteckung«). Primär ist Lachen eine mehr oder weniger sanktionierte Verlegenheitsäußerung angesichts einer zunächst nicht anders zu beantwortenden Situation.[26] Die Gesellschaft, das soziale Leben, schafft eben mehr Situationen, die lachend ›beantwortet‹ werden. Sie schafft auch mehr Sanktionen: Im allgemeinen

24 Vgl. hierzu bes. die Zeichnungen Saul Steinbergs.
25 Vgl. P. Stapfer: »L'esprit français, l'esprit de société, naturellement ennemi de l'excentricité individuelle…«, zitiert bei W. Gottschalk, »Die humoristische Gestalt in der französischen Literatur«, Heidelberg 1928, S. 42.
26 Plessner, »Lachen und Weinen«, Groningen 1941.

Gelächter erhält das Lachen des Individuums seine Rechtfertigung. (Umgekehrt würde der Nichtlachende unter Umständen – als ›humorlos‹ u. ä. – den anderen lächerlich erscheinen.) Das gemeinsame Lachen bekommt den Charakter eines sinnvollen Tuns, mit dem z. B. der Komiker sowie sein Publikum durchaus rechnen. Lachen wird sozusagen sozialisiert und so erst zur Geste oder Gebärde wie das Beifallklatschen. Ja, man könnte mit gutem Grund in der starken Neigung der Menschen aller Zeiten, möglichst als Gruppe zu lachen, ein *Ausweichen* vor der primär einsamen Lachsituation erblicken. Bekannt ist die Unheimlichkeit, die der einsam Lachende empfinden kann, ebenso der gehetzte Zwang, mit der jemand ›seinen‹ Witz unbedingt öffentlich machen muß: Denn en masse wird die ursprüngliche Verlegenheit des einzelnen beruhigenderweise zum be-sprechbaren, be-lachbaren Fall. Ferner ist die sozialpsychologische Tatsache zu sehen, daß die Lachgemeinschaft als »Verstärker« (W. Hellpach) wirkt.

Darüber hinaus lehrt uns die Geschichte des Komischen[27], daß die fonction sociale des Lachens, wie sie Bergson verabsolutierte, nur einen Aspekt des Komischen hervorhebt. Denn es gibt nicht allein gesellschaftskritische Komödien, Possen, Witze usw. Vielmehr bestehen primär gewisse Urmotive des Lachens, die sich quer durch allen Wandel gesellschaftlicher Normen hindurch verfolgen lassen, weil sie gewissermaßen eine *anthropologische ›Verlegenheit a priori‹* betreffen. Und auch da, wo die Gesellschaft lachend sich selbst kritisiert, zehrt das Leben von seinem elementar-komischen Kern. Nur wird hier das Lachen in den Dienst der sozialkritischen Tendenz gestellt, wobei diese Tendenz gut auch mit anderen Mitteln hätte vertreten werden können. Daumiers Zeichnungen sind von zeitloser Komik, auch wenn sie sich beispielsweise noch über die Gewinnung des Zuckers aus Zuckerrüben lustig machen wollen oder über die Eisenbahnen. Eine unmittelbar wirkende, ursprüngliche Komik der Zeichnungen steht hier der sozialen Funktion sogar gegenüber. Selbst wenn wir über die Preziösen bei Molière lachen, lachen wir nicht unmittelbar sozialkritisch über einen Miß-

27 K. Fr. Flögel, »Geschichte des Grotesk-Komischen«, bearb. u. herausg. v. M. Bauer, München 1914.

stand der Gesellschaft, sondern über komische Szenen, die wir miterleben und die auch dem Fürsprecher des Preziösen komisch vorkommen müssen. »Lachen geißelt die Sitten« (Bergson), sagt nicht einmal Molière. Wie seine Vorreden, z. B. zum »Tartuffe«, aber auch seine Gesuche an den König beweisen, erkannte er sehr wohl, daß vom Standpunkt der Sittlichkeit aus, d. h. dem, was der Gesellschaft frommt, Lachen an sich noch keine Gewähr für Sittenstrenge darstellt. Molière war überzeugt, daß sein »Tartuffe« zu unrecht als anstößig beurteilt wurde; zugleich hielt er jedoch Augustins Ansicht von den »theatra«, die »caveae turpitudinum« seien (De cons. evang., I, 51), insofern für richtig, als sie von jenen »vilains Spectacles« gelte, »qu'on a eu raison de nommer les Spectacles de turpitude«[28]. Also die Komödie und das Lachen besitzen nicht an sich schon soziale Dignität.

Die Ausschließlichkeit der fonction sociale sowie die vitalistische Metaphysik, die zudem noch die Gesellschaft mit Lebendigkeit identifizieren möchte, diese beiden Grundvoraussetzungen scheinen uns am bedenklichsten. Trotz aller anthropologischen Bedenken gegen Bergsons Theorie des Komischen gilt jedoch, daß Bergson – wie übrigens auch Nietzsche und Kierkegaard – die mögliche *Korrektivfunktion des Komischen* auf seine Weise erkannt und besonders den verstellten Ernst als bevorzugtes komisches Motiv gut belegt hat. Die Grenze seiner Betrachtungsweise, vor allem deren prinzipielle Unfähigkeit, mit vitalistischen Kategorien den eigentlichen Ernst in den Blick zu bekommen, wollen wir indes an einer recht interessanten Gegenüberstellung zur Sprache bringen: an der Kategorie der *Wiederholung,* die bei Bergson (entsprechend seinem manichäischen Schema répétition = mechanistische Erstarrung / Spontaneität = Lebendigkeit) komische Uneigentlichkeit ist, bei Kierkegaard dagegen eigentlichen Ernst meint.

Zunächst scheint der Unterschied zwischen *Bergson und Kierkegaard* – wohlgemerkt: nur was die Deutung der Wiederholung angeht – nicht sehr groß zu sein. In Bergsons Theorie des Lachens ist die Wiederholung (neben der Inversion und Interferenz) eine spezifische Weise des Erstarrens von Lebendigem, darum komisch und

28 »Œuvres complètes«, Édition de la Pléiade, Paris 1951, Bd. I, S. 679.

von der (für Bergson so lebendigen) Gesellschaft mit Recht verlacht.[29] Kierkegaard nun erblickt in der Wiederholung zunächst – aber nur zunächst! – ebenfalls »Einförmigkeit«, Unlebendigkeit, die man durch »Unerschütterlichkeit und zugleich durch Abstumpfung seiner Beobachtungskraft« erreichen kann.[30] Es ist die Einförmigkeit, die sich bei psychologischer (nicht existentieller) Ernsthaftigkeit in der Pedanterie und Sturheit zeigt. Auch die Gründe für diese Verkümmerung werden von beiden Denkern in einem fundamentaleren Versagen gefunden: Der lebendige Mensch kann – komischerweise – mit der *Zeit* nicht fertig werden. Statt sich in der Zeit werdend hervorzubringen, repetiert er. Diese Repetition reicht von der stereotypen Replik der komischen Figur bis zur Repetition einer ganzen Existenz; die Komik von Zwillingen beispielsweise oder von Herr und Hund, von sich angleichenden Ehepaaren u. a. m. Doch auch die stur wiederholte Verrichtung kann komisch wirken: Es sei kein Lebensernst, sagt Kierkegaard, in der »Wiederholung« königlicher Bereiter zu sein, auch wenn ein solcher, so oft er sein Pferd besteige, es mit allem möglichen Ernst tue. Soweit nun stimmen Bergson und Kierkegaard überein.

Die Übereinstimmung hört jedoch mit einem überraschenden, das Bergsonsche Schema *transzendierenden Denkschritt Kierkegaards* auf: Kierkegaard nämlich benutzt nun ausgerechnet dieses Lächerliche der Wiederholung, um den wahren Ernst zu erhellen. Er läßt es nicht dabei bewenden, nur die Komik der Wiederholung aufzuzeigen, sondern er erkennt auch das Komische an deren Gegenteil, sofern es sich in bloß vitaler Unmittelbarkeit zeigt und sogar erhaben dünkt.[31] Es ist, nach Kierkegaard, nun

29 In diesem Zusammenhang sei noch einmal auf die phänomenologisch so wichtige Struktur des Spielablaufes verwiesen: die Wiederholung im Hin und Her, Auf und Ab, Rundherum usw. Wie sich das Spiel zum Sport ›transzendiert‹ und welche dialektischen Risiken damit verbunden sind, analysiert sehr subtil W. Witte in »Sport als Spiel und seine Bedeutung für den modernen Menschen«, in: »Studium Generale«, 13. Jahrg., Heft 1, 1960.

30 Kierkegaard, »Gesammelte Werke«, 1. Aufl., Bd. III, S. 163.

31 Der »Ästhetiker« in »Entweder/Oder« I ist weitgehend Vitalist Bergsonscher Prägung; man denke vor allem an die Don Juan-Analyse oder auch an die »Wechselwirtschaft«.

keineswegs so, als wäre etwa das bloß Neue, Interessante, Sensationelle, Erste, Einmalige usw. schon Ernst im eigentlichen Sinne. Dies meint bloßt der Ästhetiker z. B. vom Typus eines Johannes des Verführers. Dieser nämlich lehnt ja die Ehe als Inbegriff des ethischen Ernstes deswegen ab, weil er den Kampf des Ehemannes mit der Zeit – d. h. für die Wiederholung – nur komisch findet. Der Verführer kämpft für den Moment und damit gegen die Zeit.[32] Alles Gewicht fällt für ihn folgerichtig auf die Zufälligkeit des Ersten: auf die erste Begegnung, auf den ersten Kuß u. dgl. m. Dieses Erste kann aber notwendigerweise nicht wiederholt werden.

Der ästhetische Ausweg aus der scheinbar unvermeidlichen Komik der Wiederholung ist dem Ironiker Kierkegaard jedoch selber komisch. Die Jagd nach immer neuen Sensationen, nach dem Ersten also, überspringe »verspielt« – wenn, psychologisch betrachtet, auch schwermütig getönt – die *konkrete Existenz* des Menschen, die nun einmal *zeitlich* ist. Das selbstbetrügerische Überspringen der Zeitlichkeit, das Ignorieren der Geschichtlichkeit, ist Kierkegaard aber ebenso »Unernst« und Spielerei, wie es die komische Wiederholung des Pedanten und Sturen ist. Auch beim »Ästhetiker« lassen sich nämlich pedantische Züge, auf höherer Ebene gewissermaßen, feststellen. (Johannes erscheint umgekehrt dem Ehemann Wilhelm gleichfalls komisch.) Ja, man könnte einen Großteil der pseudonymen Schriften Kierkegaards auf die Frage reduzieren: Ist denn kein Ernst möglich, der vor der Komik der Pedanterie gefeit wäre?

Und da geschieht das Merkwürdigste: *Wiederholung* wird für Kierkegaard die *Kategorie des Ernstes* im strengen Sinne. Allerdings handelt es sich dabei nicht mehr um die Bergsonsche Repetition, sondern, wie Kierkegaard sagt, um *»Wiederholung in Ursprünglichkeit«*: »Wenn die Ursprünglichkeit im Ernste erworben und bewahrt wird, so gibt es Sukzession und Wiederholung.«[33] Also dann erst gibt es die kontinuierliche Existenz des Selbst in

32 Kierkegaard, a. a. O.,, Bd. II, S. 119.
33 Kierkegaard, a. a. O., Bd. V (Begriff der Angst), S. 148.

der Zeit: »Sowie die Ursprünglichkeit in der Wiederholung ausbleibt, ist die Gewohnheit da.«[34] »Der ernsthafte Mann ist ernsthaft eben durch die Ursprünglichkeit, mit welcher er in der Wiederholung wiederkehrt.«

Und paradox wie die Wiederholung als eigentlicher Ernst, tritt nun auch das Komische wiederum in Kraft: nämlich als jener »eifersüchtige Wächter«, jene »Nemesis«, welche (als Ironie und Humor) die Erstarrung in der Wiederholung hellsichtig entdeckt und an den Pranger stellt. Insoweit also garantiert das Lachen den Ernst im eigentlichen Sinne.

Beide, Bergson wie Kierkegaard, erkennen die Bedeutung des Lachens als eine gegen »Erstarrung« gerichtete Reaktion.[35] Allerdings mit dem grundlegenden Unterschied, daß der vitalistische Metaphysiker Bergson ›das Leben‹ selbst gegen das »Mechanische als Kruste über dem Lebendigen«[36] lachend protestieren läßt und die Gesellschaft als Vertreterin der Lebendigkeit sozusagen die Exekutive darstellt. Demgegenüber ist der Existenzphilosoph Kierkegaard der ihm aus der deutschen Romantik wohlvertrauten Personifikation des ›Lebens‹ gegenüber mißtrauisch. Das Komische ist ihm eine »Existenzbestimmung«, die auf der *Grundsituation* des Menschen als Menschen beruht, d. h. auf dem *Leiden.* (Verwandt ist Nietzsches Ausspruch: »Vielleicht weiß ich am besten, warum der Mensch allein lacht: er allein leidet so tief, daß er das Lachen erfinden mußte.«[37] Oder: »Die tief Verwundeten haben das olympische Lachen; man hat nur, was man nötig hat.«[38] Freilich hat dies Leiden bei Kierkegaard einen ganz spezifischen Sinn: Es ist das Leiden an der *Endlichkeit* des Menschseins. Also leidet der Mensch primär gar nicht in vitaler Hinsicht, vielmehr als mögliches Selbstsein, das nur unter anderem freilich auch in vitale Bezüge verstrickt

34 Man wird hier mit Recht an die augustinische Wendung von der Gewohnheit als dem »Tod der Seele« erinnert.
35 Bergson, a. a. O., S. 16ff.
36 Ebd., S. 29.
37 Nietzsche, »Der Wille zur Macht«, Kröner-Ausgabe, Aphorismus 91, vgl. auch Aphorismus 990.
38 Ebd., Aphorismus 1040.

ist.[39] Ebenso ist die lachende »Nemesis«, die der Mensch als Korrektiv bei sich führt, wohl sozialpsychologischen Perspektiven zugänglich[40]; aber nicht die soziale Funktion des Lachens ist für Kierkegaard entscheidend, sondern die existentielle.

Fassen wir unsere Kierkegaard-Interpretation zusammen: Der scheinbare »Ernst« des Pedanten scheitert an der »Wiederholung«, die ihn komisch werden läßt. Ihm fehlt jener Ernst, den Kierkegaard die »erworbene Ursprünglichkeit des Gemütes« nennt.[41] Diese *erworbene Ursprünglichkeit* (also keine vitale Vorgabe) ist ihm gleichbedeutend mit »Innerlichkeit«, »Persönlichkeit«, kurzum »*Selbst*«[42], das nunmehr kontinuierlich zur Stelle ist und die »Wiederholung« wagen kann. Daß nun dieser »existentielle Ernst« nicht mit Humorlosigkeit identisch ist, also keine ernste Stimmung im psychologischen oder alltäglichen Sinne meint, liegt nach dem Ausgeführten auf der Hand. Im Gegenteil: Erst diesem existentiellen Ernst erschließt sich der sozusagen habituell komische Aspekt des je und je verfallenden Menschen.

Jedenfalls hat uns Kierkegaard so weit geführt, Ernst und Spiel dem vorläufigen Zugriff bloß psychologischer Zustandsanalysen sowie soziologischer Ortsangaben zu entziehen. Denn Ernst als fixierbares innerweltliches Phänomen unter anderen wäre schon von der Nemesis des Komischen getroffen, noch bevor er sich in gegenständlicher Faktizität breitmachen könnte. Spiel wiederum wird ebenfalls – auf Grund des existentiellen Vorverständnisses von Ernst – nicht mehr bloß ein Proteus von Strukturmerkmalen sein, die als solche bloß säuberlich herauszuschälen und aufzuzählen wären, sondern eben existentieller Unernst, auch noch in der Maske der depressiv getönten psychologischen Ernsthaftigkeit. Insofern ist Kierkegaards scheinbar unbefriedigende Auskunft doch recht korrekt: »Soviel mir bekannt, existiert eine *Definition des Ernstes* nicht. Wenn dem so ist, so soll es mich freuen. Nicht als ob ich

39 Zur Komik der Sexualität bzw. der Zote vgl. Kierkegaards »Begriff der Angst«.
40 Bergson, a.a.O., S. 15, 129 u.ö.
41 Kierkegaard, a.a.O., Bd. V, S. 147.
42 Ebd., S. 148f.

an dem modernen, zerfließenden und verschwimmenden Denken, das die Definition abgeschafft hat, meine Freude hätte, sondern weil es in Beziehung auf Existenzbegriffe immer einen sicheren Takt verrät, sich der Definition zu enthalten. Denn, was man wesentlich anders verstehen soll oder selbst anders verstanden oder in einer anderen Weise liebgewonnen hat, kann man unmöglich gern in der Form der Definition auffassen wollen, durch die es so leicht fremd und zu etwas anderem wird. Wer wirklich liebt, kann kaum Freude und Befriedigung, geschweige denn eine Förderung darin finden, sich mit der Definition der Liebe abzugeben. Wer in täglichem oder doch festlichem Umgang mit der Vorstellung lebt, daß Gott sei, wird sich dies schwerlich dadurch verdorben sehen wollen, daß er sich eine Definition von Gott zusammenflickt. So ist es auch mit dem Ernst. Er ist eine so ernsthafte Sache, daß eine *Definition* desselben ein *Leichtsinn* ist. Das sage ich nicht, weil mein Gedanke unklar wäre oder weil ich fürchtete, von dem einen oder anderen Spekulanten dessen verdächtigt zu werden... Nein, meines Erachtens beweist, was ich hier sage, besser als jede Begriffsentwicklung, daß ich im Ernst weiß, wovon die Rede ist.«[43]

43 Ebd., S. 146 (Hervorhebungen vom Vf.).

Philosophie

Eine Auswahl

Francis Bacon
Weisheit der Alten
Philipp Rippel (Hg.). Band 6588

Seyla Benhabib
Kritik, Norm und Utopie
Die normativen Grundlagen der Kritischen Theorie
Band 10723

Henri Bergson
Die beiden Quellen der Moral und der Theologie
Band 11300

Petra Braitling, Walter Reese-Schäfer (Hg.)
Universalismus, Nationalismus und die neue Ethik der Deutschen
Philosophen und die Politik
Band 10963

Ernst Cassirer, J. Starobinski, Robert Darnton
Drei Vorschläge, Rousseau zu lesen
Band 6569

René Descartes
Ausgewählte Schriften
Ivo Frenzel (Hg.). Band 6549

Denis Diderot
Über die Natur
Jochen Köhler (Hg.)
Band 6583

Hans-Georg Gadamer (Hg.)
Philosophisches Lesebuch
3 Bände: 6576/6577/6578

Ludwig Giesz
Phänomenologie des Kitsches
Band 12034

Horst Günther
Zeit der Geschichte
Welterfahrung und Zeitkategorien in der Geschichtsphilosophie. Band 11472

Heidrun Hesse
Vernunft und Selbstbehauptung
Kritische Theorie als Kritik der neuzeitlichen Rationalität
Band 7343

Thomas Hobbes
Behemoth oder Das Lange Parlament
Herfried Münkler (Hg.)
Band 10038

Max Horkheimer
Traditionelle und Kritische Theorie
Fünf Aufsätze. Band 11328

Max Horkheimer (Hg.)
Zur Kritik der instrumentellen Vernunft
Band 7355

Fischer Taschenbuch Verlag

fi 69 / 15 a

Philosophie

Eine Auswahl

Edmund Husserl
Arbeit an den Phänomenen
Ausgewählte Schriften
Bernhard Waldenfels (Hg.)
Band 11750

Martin Jay
Dialektische Phantasie
Die Geschichte der Frankfurter Schule und des Instituts für Sozialforschung. Band 6546

Immanuel Kant
Eine Vorlesung über Ethik
Gerd Gerhardt (Hg.)
Band 10249

Peter Kemper (Hg.)
Die Zukunft des Politischen
Ausblicke auf Hannah Arendt
Band 11706

Ralf Konersmann
Erstaarte Unruhe
Band 10962

Susanne K. Langer
Phliosophie auf neuem Wege
Band 7344

Lutker Lütkehaus
Philosophieren nach Hiroshima
Über Günther Anders
Band 11248

Max Planck
Vom Wesen der Willensfreiheit und andere Vorträge
Band 10472

Platon
Sokrates im Gespräch
Vier Dialoge. Band 11065

Jean-Jacques Rousseau
Schriften
Henning Ritter (Hg.)
2 Bände: 6567/6568

Bertrand Russell
Das ABC der Relativitätstheorie
Band 6579
Moral und Politik
Band 6573
Philosophie
Die Entwicklung meines Denkens
Band 6572

Rüdiger Safranski
Wieviel Wahrheit braucht der Mensch?
Über das Denkbare und das Lebbare. Band 10977

Georg Simmel
Das Individuum und die Freiheit
Essais. Band 11925

Fischer Wissenschaft

Eine Auswahl

Inge Habig/Kurt Jauslin
Der Auftritt des Ästhetischen
Zur Theorie der architektonischen Ordnung
Band 10251

Maurice Halbwachs
Das kollektive Gedächtnis
Band 7359

D. Harth/ J. Assmann (Hg.)
Revolution und Mythos
Band 10964

Kultur-Analysen
Beiträge von Hans-Dieter König, Alfred Lorenzer, Heinz Lüdde, Søren Nagbøl, Ulrike Prokop, Gunzelin Schmid Noerr, Annelind Eggert. Band 7334

Ralf Konersmann
Lebendige Spiegel
Die Metapher des Subjekts
Band 10726
Der Schleier des Timanthes
Perspektiven der historischen Semantik. Band 11923

Wolfgang Küttler/Jörn Rüsen/ Ernst Schulin (Hg.)
Geschichtsdiskurs
Band 1: Grundlagen und Methoden der Historiographiegeschichte. Band 11475

Jacques LeGoff/Roger Chartier/ Jacques Revel (Hg.)
Die Rückeroberung des historischen Denkens
Band 12033

Hans Medick
Mikro-Historie
Band 11065 (*in Vorbereitung*)

Charles William Morris
Grundlagen der Zeichentheorie. Ästhetik der Zeichentheorie
Band 7406

Ulrich K. Preuß
Revolution, Fortschritt und Verfassung
Band 11921

Thorstein Veblen
Theorie der feinen Leute
Band 7362

Paul Veyne
Die Originalität des Unbekannten
Für eine andere Geschichtsschreibung
Band 7408

Lew Semjonowitsch Wygotski
Denken und Sprechen
Band 7368